프로젝트 수업 매뉴얼

프로젝트 수업 매뉴얼

Project Based Learning
PBL Manual

양은석 지음

학생들이 주도하는 수업 만들기

visang

프로젝트 수업의 진정한 고수! 양은석 선생님. 이 책에는 행복교실, PDC, 교수학습이론 등 다양한 이론과 방법의 전문가로서 학급에서 오랫동안 프로젝트 수업을 실행한 경험, 현장 선생님들의 수업을 보고 장기간 코칭 한 실력, 전국의 선생님들과 수업 교실 1년 과정을 운영하며 프로젝트 수업을 강의하고 조언한 노하우가 고스란히 담겨있습니다.

프로젝트 수업을 차근차근 배워보고 싶은 분에게 적극적으로 추천합니다.

김성환(초등학교 교사, PD&PDC 대한민국 1호 미국협회 트레이너)

아이들과 교사의 성장을 돕는 프로젝트 수업을 추천합니다! 매력적인 책과 마주하는 것은 참 기분 좋은 일입니다. 이 책이 바로 그렇습니다. 오롯하게 학생들과 함께 수업을 만들어오면서 더불어 이를 여러 선생님과 함께 나눠온 양은석 선생님 덕분입니다. 이 책에서는 프로젝트 수업과 새롭게 마주하는 특별한 체험을 할 수 있습니다. 함께 공부했던 학생들과 또 동료 선생님들의 이야기와 생생한 수업 사례들이 다채롭게 제시되어 있기 때문입니다. 무엇보다 이 책이 더 돋보이는 것은 단순히 수업 기법만이 아니라 수업을 어떤 관점으로 살피며 교사로서 학생들과 어떻게 함께할 것인지에 대한 통찰을 건네주기 때문입니다. 이 책을 찬찬히 읽으면서 학생들과 더불어 드넓은 세상을 배움터 삼아 유쾌한 수업을 모색해보면 좋겠습니다.

배성호(초등학교 교사, 전국초등사회교과모임 공동대표)

학생들이 중심이 되어 해답을 찾아가는 의미 있는 수업에 대해 궁금하다면, 학생들이 몰입하고 재미를 느끼게 만드는 수업에 대해 궁금하다면, 학생은 뿌듯해하고 교사는 흐뭇해지는 수업에 대해 궁금하다면, 양은석 선생님의 '프로젝트 수업 매뉴얼' 책과 함께해 보세요. 여러분의 프로젝트 수업 적용에 대한 고민을 다독이고, 조금 더 재미있는 수업을 할 수 있도록 도울 겁니다.

서준호(초등학교 교사, 서준호선생님의 마음흔들기 저자)

많은 선생님이 프로젝트 수업을 궁금해하고 공부하고 실천하지만 여전히 어려워합니다.

준비도 많이 해야 하고 챙겨야 할 것도 적지 않으니까요. 양은석 선생님과는 오랫동안 프로젝트 수업을 실천해왔고, 많은 선생님들이 프로젝트 수업을 할 수 있게 도와주었습니다. 그 과정에서 프로젝트 수업을 시작하는 선생님들에게 어려운 것이 무엇인지, 프로젝트를 유지하고 좋은 결과를 만들어내는 과정에서 필요한 것이 무엇인지 누구보다 잘 알고 있습니다.

이 책을 통해서 프로젝트의 기초부터 차근차근 배우고, 다양한 프로젝트 사례를 참고해서 자신의 프로젝트를 만들어서 활용할 수 있을 것입니다. 프로젝트 수업이 특기인 교사로 성장할 수 있기를 바랍니다.

정유진(사람과 교육 연구소 소장)

앎과 삶이 연결되는 수업. 공부처럼 여겨지지 않는 공부. 오랫동안 수업을 연구하고 실천해 오신 양은석 선생님의 기록들을 가끔 접하면서 찾아가서 배우고 싶다는 생각을 많이 했다. 아니, 내가 선생님 반 학생이라면 얼마나 좋을까 싶었다. 한편으론 교사로서 양은석 선생님이 얼마나 많은 공부와 학생에 대한 관찰을 해오셨을까 싶었다. 프로젝트란 연속된 과정에서 발생하는 다양하고 통제 불가능한 변수를 교사가 사전에 가늠하고 있어야 가능한 수업일 테니까. 책을 살펴보는 내내 선생님의 깊이에 다시 한번 놀라게 되었다. 교실에서 수업을 실천하는 실천가로서 학생의 자율성을 존중하면서 유능성을 경험하도록 이끌고, 학생과 학생, 학생과 교사 간 보다 깊은 관계를 촉진하는 선생님의 모습은 그 누구보다 뛰어난 전문성을 보여주고 계셨기 때문이다.

교사의 업무는 수업과 생활지도다. 수업이 생활지도이고, 생활지도가 수업이 된다. 수업과 생활지도는 둘이지만 하나이고, 하나이지만 둘이다. 그 둘이 지향하는 바는 오로지 하나. 학생의 성장에 있기 때문이다. 학생의 성장이란 무엇일까? 교사의 지도가 없어도 스스로 배우고 성장하는 삶을 살아가는 힘에 있지 않을까? 그런 의미에서 양은석 선생님이 가르친 학생이 고등학교에 진학해서 실천한 프로젝트는 선생님 수업의 결과를 가리키는 것 같았다. 선생님을 통해 배운 배움의 방식을 자기 삶에 활용하고 있었기 때문이다.

현장의 많은 선생님들이 이런 모습을 꿈꾸지 않을까? 자신이 가르쳐준 지식을 넘어서 지식을 대하는 태도를 이어가는 학생을 만나는 일을. 그 아이들이 사람들의 마음을 움직이고, 배우고 또 배우는 즐거움을 느끼며 사는 모습을. 프로젝트 수업이라는 도구로 아이들의 빛나는 성장을 꿈꾸며 준비하고 공부하고 실천하신 양은석 선생님의 기록은 그래서 널리 전해져야 한다고 생각한다. 우리나라의 많은 아이들이 양은석 선생님의 학생들처럼 프로젝트 수업을 통해 스스로 행복해 질 수 있는 힘을 길러가기를 기원한다.

천경호(초등학교 교사)

오랫동안 기다리던 책이 드디어! 오래전부터 꾸준히 프로젝트 수업을 시도한 양은석 선생님이 책을 준비한다는 이야기를 듣자마자 책이 나오기를 기다렸습니다. 드디어 책이 나왔네요!

　프로젝트 수업을 진행하면서 학생들과 갈등을 겪기도 하고, 익숙하지 않은 학습 방법에 짜증이 날 때도 있지만 활동에 몰입하다보면 어느 순간 반짝이는 학생들의 얼굴을 마주하게 될 때가 있습니다. 마침내 결과물이 나오는 순간 그동안의 갈등이 고마움으로 바뀌고 서로를 격려하고 있는 학생들을 보면서 수업을 준비하느라 머리 아프게 고민했던 시간이 환희의 시간으로 바뀌는 것을 경험하게 됩니다.

　혼자보다 학년이 함께 하면 좋은 것이 프로젝트 수업이라 동 학년과 함께 수업을 준비할 때마다 길잡이가 되어줄 책이 간절했습니다. 이런 저런 이론들만 있는 것이 아니라 현장에서 실천한 이야기들이 이론과 함께 잘 짜여있는 바로 이런 책. 덕분에 앞으로는 수업을 고민하는 시간이 한결 든든해질 것 같습니다.

최은주(초등학교 교사)

CONTENTS

들어가는 말   12

1 프로젝트 수업의 핵심 요소

1 왜 프로젝트 수업인가?   20
   학생의 눈으로 바라본 프로젝트 수업   21
   프로젝트 수업! 꿈을 이야기하다   27

2 프로젝트 수업의 핵심   32
   PBL 다이아몬드   33
   프로젝트 계획의 핵심   37
   프로젝트 실행의 핵심   44

2 프로젝트 수업 계획하기

1 주제 선정하기   56
   프로젝트 주제 쉽게 정하기   57
      성취기준, 소재, 프로젝트 유형 활용하여 주제 떠올리기   58
      성취 기준 연결하기   63
         TIP   저학년 주제 선정 비법   64

2 프로젝트 가이드맵 작성하기   68
   배경 지식을 쌓는 프로젝트 가이드맵 작성하기   69

	프로젝트 가이드맵이란?	69
	학습 내용, 자원, 활동 작성하기	70
	실습 미션 주제 선정 및 프로젝트 가이드맵 작성 따라하기	76

3 탐구 질문 작성하기 80

프로젝트의 방향을 잡아주는 탐구 질문 작성하기 81

- 주제의 하위 개념 분석하기 82
- 좋은 탐구 질문의 요건 6 83
- 양식 활용하여 탐구 질문 만들기 85

4 활동 설계하기 92

배움과 참여를 높이는 활동 설계하기 93

- 내용 선정하기 94
- 활동 구상하기 98
- 사람과 현장 연결하기 107
- 발표 방식 결정하기 110
- 평가 준비하기 112
- TIP 학생에게 점진적으로 자율권 부여하기 116
- TIP 저학년 활동 설계 비법 118

프로젝트 수업 계획 따라하기 126

- 실습 미션 탐구 질문 작성 및 활동 설계 따라하기 128

3 프로젝트 수업 실행하기

1 도입하기　　142
학생을 참여시키는 도입하기　　143
- 프로젝트 수업 소개하기　　144
- 동기 유발을 위한 첫 수업하기　　147
- 학생의 의견 프로젝트 계획에 반영하기　　154

2 탐구하기　　160
학생에게 탐구 지도하기　　161
- 탐구 방법 가르치기　　162
- 학생 스스로 답을 찾게하는 질문하기　　173
- 팀별 활동 지도하기　　175
- TIP 교실 환경 꾸미기　　179

3 배움 다지기　　182
유의미한 학습을 위한 배움 다지기　　183
- 학습 과정을 시각화하기　　183
- 탐구의 과정과 결과 파악하기　　187
- 중간발표 및 개선하기　　193

4 발표 및 성찰하기　　198
- 프로젝트 마무리하기　　199

결과물 디자인하기	200
자신감을 키우는 발표 지도하기	204
배움이 일어나는 성찰하기	211
학생 성찰	212
TIP 프로젝트 수업 업그레이드 하기	216

5 학급 문화 조성하기 — 222

배움을 위한 학급 문화 조성하기	223
도전하는 학급 문화 만들기 수업	224
협력하는 학급 문화 만들기 수업	229

프로젝트 수업 사례

사례 1 자랑스러운 우리 마을 '꿈나무 탐험대' 프로젝트	234
사례 2 더 좋은 사회 만들기 '민주 시민' 프로젝트	244
사례 3 행복과 진로 '내가 좋아하는 것' 프로젝트	253
사례 4 학교폭력예방을 위한 '친구 사귀기' 프로젝트	262
사례 5 즐기며 공부하는 체험부스 '전통문화 체험' 프로젝트	271
사례 6 백문이 불여일견! 역사 현장 학습 '괴물들이 사는 궁' 프로젝트	281
사례 7 학생 동아리 '상상나래' 프로젝트	291
사례 8 우리 교실이 태양계 '우주 탐험' 프로젝트	299

부록 1 프로젝트 수업 교사용 계획 양식	306
부록 2 학생 탐구 양식	312

들어가는 말

학생이 학습의 기쁨을 알고 스스로 공부하게

나는 교사를 시작한 첫 해에 만났던 우리 반 아이들의 모습을 잊지 못한다. 그 아이들은 내 생각했던 것과 다르게 불만이 가득했고, 전혀 행복해 보이지 않았다. 항상 화가 나 있는 아이, 불만이 가득한 아이, 공부에 지쳐있는 아이…….

교실에서 밝고 명랑한 수업을 할 수 있으리라는 나의 기대는 교직 첫 해부터 무너졌다. 아이들과의 첫 만남 이후 "아이들은 왜 이렇게 행복하지 않을까?"라는 질문이 떠올랐고, 그 질문은 '아이들이 행복한 교실을 만들자'는 목표로 바뀌었다.

첫 프로젝트 수업 시간의 아이들 모습을 아직도 생생히 기억한다. 놀이나 특별 행사 시간이 아니라 수업 속에서 아이들의 표정이 환하게 피어오르는 모습을 보는 것은 너무나 큰 행복이었다. 나는 희망을 보았고 프로젝트 수업을 통해 '행복한 교실'을 만들어 갈 수 있겠다고 생각했다.

그때부터 한 달에 하나씩 프로젝트 수업을 만들고 실행하기 시작했다. 그렇게 프로젝트 수업을 계획하고 실행한 지 몇 해가 지나자 해가 바뀌어도 꾸준히 사용할 수 있는 나만의 프로젝트를 만들 수 있었다. 이 프로젝트 모음은 나만의 교사 교육 과정이 되었다.

프로젝트 수업을 통해 학생과 행복했던 경험을 다른 선생님들도 느끼게 해드리고 싶었다. 처음에는 프로젝트 수업을 쉽게 할 수 있는 방법에 대한 책을 쓰려 했다. 스스로 터득한 방법과 강의를 통해 얻은 경험, 다양한 책을 접하며 알게 된 방법을 모아 원고를 정리했다. 그 과정에서 쉽게 하는 것도 중요하지만 프로젝트의 진정한 목표를 달성하는 것이 더 중요함을 깨달았다. 프로젝트 수업의 진정한 목표는 학생이 학습의 기쁨을 알고 스스로 공부하게 하는데 있다. 그래서 프로젝트 수업을 제대로 할 수 있도록 하나하나 안내하는 책을 쓰는 것으로 목표를 바꿨다. 그동안 정리했던 원고를 뒤로하고 처음부터 다시 쓰기 시작했다. 비록 책의 출판이 1년 가까이 늦어졌지만 올바른 판단이라는 믿음은 지금도 변함이 없다.

프로젝트 수업을 하면 학생과 즐겁게 활동하고 외부에 보여줄 수 있는 화려한 결과물을 만들어 낼 수 있다. 하지만 이것은 프로젝트 수업을 하는 진정한 목표가 아니다. 학생이 자신의 궁금증을 중심으로 깊이 있는 탐구를 하고, 함께 살아가는 사람들과 연결되며, 능동적으로 학습에 참여할 수 있도록 구성된 프로젝트가 좋은 프로젝트이다. 그래서 교사와 학생 모두 프로젝트 자체를 좋아하고 다시 하고 싶은 마음이 들어야 한다.

프로젝트 수업을 제대로 하려면 교사가 계획과 실행 과정에서 세세하게 신경 써야 할 부분이 많다. 이 책을 통해 프로젝트를 제대로 할 수 있도록 계획, 실행, 평가 단계에서 교사와 학생이 무엇을 해야 하는지 매우 자세히 설명했다. 프로젝트 수업을 처음 접하는 독자는 처음부터 책의 내용을 따라가며 읽어도 되고, 프로젝트를 시도해 보았지만 만족스럽지 못한 결과를 얻은 독자는 자신이 부족하거나 필요했던 부분을 찾아서 활용할 수 있다.

1부에서는 프로젝트 수업 계획과 실행 단계에서 교사가 중점을 두어 지도해야 하는 사항을 핵심만 정리하여 안내했다. 프로젝트 수업 핵심 요소는 학생이 주제에 대해 깊이 있는 내용을 학습하게 하는 '깊은 탐구'와 스스로 학습하게 하는 '자율 탐구'이다. 1부를 읽고 난 후 2부 계획과 3부의 실행 파트를 읽으면 프로젝트의 핵심 요소를 어떻게 실행할 수 있는지 그 방법에 대해 자세히 알 수 있다.

2부는 프로젝트 수업 계획을 효율적으로 하는 방법에 대한 안내이다. 배경지식을 정리하고, 핵심 목표를 잡아 깊은 탐구가 일어나는 계획을 세울 수 있도록 안내했다. 그리고 교사용 계획 양식에 제시된 순서대로 따라 실습하며 나만의 프로젝트 계획서를 만들 수 있도록 했다.

3부는 학생이 프로젝트에 참여하고 스스로 탐구해 나가도록 돕는 방법을 안내했다. 질문을 활용하여 학생을 계획에 참여시키는 방법, 학습 과정에서의 배움을 다지는 법, 학생들이 스스로 평가하고 학습을 개선하는 방법 등이 담겨 있다.

책 말미에는 프로젝트 수업 사례를 소개했다. 체험 부스 프로젝트나 친구 사귀기 프로젝트는 학생들이 재미있어 하고, 학습 효과도 크다. 이처럼 학년 초에는 흥미 중심의 쉬운 프로젝트를 실행하고 점차적으로 깊이 있는 내용을 탐구하는 프로젝트를 실행하는 것이 좋다.

부록에는 교사용 계획 양식과 학생 탐구 양식을 첨부했다. 사람과교육연구소 홈페이지(http://hein.co.kr/board_ouvW13)를 방문하면 양식을 다운로드 해 활용할 수 있다.

이 책을 쓰기까지 많은 분들의 도움을 받았다. 먼저 핵심적인 개념을 비주얼 싱킹으로 정리하여 책에 생동감을 넣어준 김정환 선생님, 깊이 있는 프로젝트 수업을 할 수 있도록 함께 공부하며 이끌어준 정유진 선생님, 수업을 함께 고민하고 나눈 수업 교실 1~3기 선생님들과 수업 교실 연구팀 선생님들, 자신의 프로젝트 실천기를 흔쾌히 제공해 주신 이경량, 한경화, 이희재, 최수징, 이순화 선생님 덕분에 더욱 풍성한 원고를 완성할 수 있었다.

원고를 꼼꼼하게 봐주시고 출판하기까지 큰 도움을 주신 비상 티스쿨의 박병근 대표와 최문영cp, 편집 과정에 도움을 주신 페이지제로 김현태 대표, 원고 검토를 도와주신 최은주, 조하나 선생님, 바쁜 와중에도 추천사를 써주신 최은주, 배성호, 정유진, 서준호, 김성환, 천경호 선생님, 나에게 항상 힘을 주는 아내와 가족께도 감사의 마음을 전합니다.

저자 양은석

1

Project Based Learning

프로젝트 수업의 핵심 요소

1 왜 프로젝트 수업인가?
2 프로젝트 수업의 핵심

SUMMERY

학생의 눈으로 바라본 프로젝트 수업
학생들은 프로젝트 수업을 좋아한다. 학생들은 프로젝트 수업에 참여할 때 학습에 재미를 느끼고, 학습 내용을 저절로 기억하며, 친구들과 힘을 합해 무언가를 해냄으로써 자신감을 갖게 된다고 말한다.

프로젝트 수업! 꿈을 이야기하다
교사들은 학생이 자신의 재능을 발견하고, 행복한 삶을 살며, 타인과 더불어 잘 살기를 바란다. 프로젝트 수업은 교사가 꿈꾸는 교육을 실현케 하는 수업 방법이다.

프로젝트 계획 순서
프로젝트 수업 계획은 '주제 정하기 → 프로젝트 가이드맵 작성하기 → 탐구 질문(핵심 목표) 정하기 → 활동 설계하기'의 순서로 진행한다. 명확한 방향성과 일관된 흐름을 갖는 프로젝트를 설계하려면 주제에 대한 충분한 정보가 있어야 한다. 이를 위해 프로젝트 가이드맵을 작성한다.

프로젝트 수업의 핵심 요소
프로젝트 수업에서 학생들은 '깊은 탐구'를 통해 지식을 적용할 수 있어야 하고 '자율 탐구'를 통해 스스로 학습을 실행하고 점검할 수 있어야 한다. 깊은 탐구와 자율 탐구를 프로젝트 수업의 핵심 요소라 한다.

학생이 깊은 탐구와 자율 탐구를 할 수 있도록 교사는 프로젝트 계획 단계에서 '고차적 사고력 활용 설계'와 '학생 참여 보장 설계' 방법을, 실행 단계에서 '배움 다지기'와 '자율 학습' 방법을 활용해야 한다.

프로젝트 수업 핵심 요소

구분	깊은 탐구	자율 탐구
계획	고차적 사고력 활용 설계	학생 참여 보장 설계
실행	배움 다지기	자율 학습

프로젝트 실행 순서

프로젝트 수업은 '도입하기 → 탐구하기 → 발표하기 → 성찰하기'의 순서로 실행한다.

1 왜 프로젝트 수업인가?

학생의 눈으로 바라본
프로젝트 수업

어느 날 고등학생이 된 제자 원경이가 SNS를 통해 캠페인을 하고 있는 것을 알았다. '청소년을 위한 직업과 진로'라는 주제였다. 캠페인의 자세한 내용이 궁금해서 원경이에게 연락을 했다. 마침 원경이도 나를 만나고 싶다고 했다. 원경이와 카페에서 만났다. 반갑게 인사를 나누고 캠페인 이야기를 꺼냈다. 원경이는 시민 단체와 함께 캠페인을 진행했다고 한다. 처음에는 '청소년이 배제되지 않은 성교육'이라는 주제였으나 여러 상황에 부딪혀 '청소년의 직업과 진로'로 바꿨다고 한다.

원경이는 프로젝트 수업을 통해 많은 것을 얻었고, 이를 자신의 삶과 연결해 가고 있다. 그리고 프로젝트 수업이 자신의 잠재력을 이끌어냈고, 세상으로 나갈 수 있는 힘을 주었다고 말했다.

원경이의 프로젝트 수업 이야기를 들어보자.

원경이가 전하는 프로젝트 수업 이야기

프로젝트 수업을 했던 초등학생 시절을 돌아보며

프로젝트 수업은 정말 재밌었습니다. 지루하게 수업을 듣고만 있지 않고 내가 직접 무언가를 만들어내기 때문에 재미없게 하는 것이 더 힘들지 않을까요? 3월에 도서관에서 미션 수행 활동을 했던 것이 기억에 남습니다. 처음으로 학교가 아닌 곳에서 뛰어놀며 배웠던 그때가 너무 행복했고, 그 어린 나이에 '구름 위를 걷는 것 같다'고 느꼈답니다. 정규 수업 시간이 끝나고 자발적으로 하고 싶은 사람끼리 프로젝트 작업을 하자고 했을 때 거의 대부분의 친구들이 남아 열심히 활동했던 것이 인상적이었어요. 저는 정해진 시간 외에 학교에 남아서 무언가 하는 것을 싫어하지만, 그때는 너무 재미있어서 오히려 헤어져야 하는 것이 아쉬웠어요.

저는 프로젝트 수업을 통해서 많은 것을 배웠고 심지어 아직도 그 내용을 기억함에도 불구하고 그 당시 공부하고 있다고 느낀 적이 없었습니다. 그냥 친구들과 토의해서 무엇을 할지 정하고 열심히 만들었을 뿐인데 제 머릿속에 많은 것이 들어왔습니다. 친구들과 그림을 그리면서 삼국시대 역사를 배웠고, 재밌게 연극을 만들었더니 근대사를 이해하게 되었고, 즐겁게 만들기를 했더니 천체에 대한 지식이 쌓였습니다. 저희는 열심히 그리고 즐겁게 놀았는데 강의식 수업보다 더 많은 것을 얻었습니다.

국어 시간에는 소설책 하나를 선정해 읽고 선생님께서 만드신 질문지에 답하는 시간을 가졌습니다. 그런데 기말고사는 학년 전체가 똑같은 시험을 봐야 했기 때문에 어쩔 수 없이 급하게 국어 교과서에 있는 것을 공부하고 시험을 봤습니다. 만약 시험 문제가 우리가 읽은 소설책에서 출제되었다면 더 좋은 경험이 됐을 것 같은데 지금 생각해도 너무 아쉬워요.

저는 누군가 비판하면 하던 것을 쉽게 포기하는 경향이 있습니다. 프로젝트를 수행해 나가는 과정이나 결과물에 대한 간섭이 없었던 것이 참 좋았습니다. 선생님께서는 학생의 의견을 존중하면서 아이들이 놓치는 부분만 살짝 짚어주셨는데 그것이 오히려 저에게 동기 부여가 되었습니다.

친구 사귀기 프로젝트 수업도 인상 깊은 프로젝트 수업이었습니다. 선생님께서 친구 사귀기 프로젝트를 하겠다고 처음 말씀하셨을 때부터 저는 같은 학원에 다니지만 어색한 친구와 함께 해야겠다고 마음먹었습니다. 그래서 짝 정하는 시간에 저는 주저 없이 그 친구에게 달려가 같이 하자고 했습니다. 저희는 놀면서 많이 친해졌고 어색함이라고는 찾아볼 수 없게 되었습니다. 숫기가 없어서 친구에게 먼저 다가가지 못하고, 친해지는데 어려움을 겪는 저에게 커다란 성취였고, 매우 보람차고 뿌듯한 프로젝트 수업이었습니다.

우리는 약 한 달 정도 걸리는 프로젝트를 1년 내내 했습니다. 한 달에 한 번 무언가를 해냄으로써 '나는 할 수 있다'라는 자신감과 '나는 우리 팀이 목표를 이루는데 기여했다'라는 자존감을 얻을 수 있었습니다. 저는 이것이 팀 과제의 가장 큰 장점이라고 생각합니다. 그동안 프로젝트를 성공시킨 기억 덕분에 어떤 과제가 주어져도 해낼 수 있다는 자신감을 가지게 되었습니다. 특히 발표에 자신감을 갖게 되었습니다. 저는 다른 사람 앞에 서는 것을 좋아하지만 조용하고 소심한 성격 탓에 선뜻 나서지 못하는 아이였습니다. 10살 즈음에 컴퓨터 시험 보는 날, 제 자리에만 연필이 없었는데 감독관님에게 말하는 것이 무서워서 울고만 있었던 적도 있습니다. 그런 제가 다른 사람들 앞에서 말을 잘할 수 있게 된 것은 프로젝트 수업에서 발표를 꾸준히 했기 때문이라고 생각합니다. 5학년이 끝나갈 즈음 학부모님을 모셔놓고 학급 발표회를 했습니다. 저희 부모님은 제가 발표하는 모습을 보고 "네가 밖에서 말도 제대로 못하고 조용하고 소심하게 있을 줄 알았는데, 굉장히 활달하고 친구들이랑 잘 지내서 놀랐다"라고 말씀하셨습니다.

프로젝트 수업의 좋은 점

프로젝트 수업은 좋은 점이 참 많습니다. 그중에서 가장 좋은 점을 꼽으라면 다섯 가지 정도를 이야기할 수 있습니다.

첫째는 모두에게 좋은 수업 방식입니다. 프로젝트 수업은 공부 잘하는 아이와 못하는 아이 둘 다에게 이득이 되는 교육 방식이라고 생각합니다. 강의식 수업은 공부를 잘하는 아이에게는 효율적이지만 못하는 아이에게는 반전의 기회가 차단될 우려가 있습니다. 반면 놀이식 수업은 공부 못하는 아이에게 흥미를 부여할 수 있지만 잘하는 아이에게는 지루한 시간이 되기도 합니다. 그러나 프로젝트 수업은 단순한 강의가 아니고 직접 참여할 수 있기 때문에 공부 못하는 아이도 흥미를 가질 수 있고, 자신이 맡은 바를 해나가면서 배울 수 있습니다. 프로젝트 수업이 놀이식 수업처럼 공부 잘하는 아이들이 못하는 아이들에게 맞춰줘야 한다고 오해할 수 있는데, 못하는 친구들은 쉬운 부분을 맡고 잘하는 친구들은 어려운 부분을 맡아서 자신의 능력만큼 활동하고 배울 수 있습니다. 그 예로 인체 프로젝트 수업을 했을 때 순환계를 맡은 저는 과학을 잘하지 못해서 교과서에 있는 내용만 다뤘으나, 호흡계를 맡은 과학을 잘하는 친구들은 중학교 과학 교과서에 담긴 내용까지 다뤘습니다. 그렇지만 역사 프로젝트를 할 때 저는 역사에 관심이 많았기 때문에 교과서에 없는 내용을 더 조사해 왔고, 역사를 어려워하는 친구는 교과서에 있는 삽화를 이해하고 자신의 스타일로 그리는 활동부터 했습니다.

둘째는 프로젝트 수업을 통해 리더십을 기를 수 있다는 점입니다. 저는 프로젝트 수업에서 팀 작업을 수행하면서 다 같이 해내는 방법을 배웠습니다. 팀장은 팀을 이끌어가는 방법을 배울 수 있고, 팀원들도 팀장을 지켜보며 팀을 이끌어가려면 어떻게 해야 하는지에 대해 배울 수 있습니다.

셋째는 프로젝트 수업에 참여하면 다양한 경험을 할 수 있다는 점입니다. 우리는 프로젝트 수업을 하면서 많은 곳을 다니며 다양한 체험을 했습니다. 강의식 수업만 했다면 어떻게 연극 대본 쓰는 방법을 배우고, 철사로 스티로폼 공을 연결하는 방법을 배웠을까요? 프로젝트 수업을 하면서 체험했던 다양한 경험들이 나중에 도움이 많이 됐습니다. 5학년 때 창덕궁 연극을 준비하면서 소품을 만들었던 경험 덕분에 중학교에서 뮤지컬을 할 때나 과학 UCC를 만들 때 소품을 잘 만들 수 있었고, 역사 시험 볼 때 근대사는 대부분 그때 연극했던 경험을 떠올려서 문제를 풀곤 했습니다.

넷째는 친구 관계까지 좋게 만들어 주는 점입니다. 굳이 친구 사귀기 프로젝트가 아니어도 같이 무언가를 해보면서 여러 친구들과 친해질 수 있었습니다. 저는 친구를 잘 사귀지 못하는 성격이기 때문에 예전에는 반 친구들 전체와 두루두루 친하게 지내지 못했는데, 5학년 때는 프로젝트 수업 덕분에 두루두루 친하게 지냈습니다.

다섯째로 창의력을 키울 수 있습니다. 선생님이 제시하는 것은 큰 범위의 주제 밖에 없기 때문에 그 주제 안에서 우리가 해야 할 것을 생각해 내고 만들어야 합니다. 또 선생님께서 제시해주신 주제나 학습지들은 다른 과제의 주제나 활동 계획을 정할 때 많은 도움이 되었습니다.

학생들 대부분은 프로젝트 수업을 좋아한다. 학생이 직접 경험할 수 있는 기회가 주어지고 삶에 필요한 지식을 얻어 적용할 수 있기 때문이다. 원경이의 꿈은 교사가 되어 학생들과 프로젝트 수업을 해보는 것이다.

프로젝트 수업!
꿈을 이야기하다

의욕만으로 프로젝트 수업에 도전했던 때가 떠오른다. 프로젝트 수업을 제대로 배울 곳도, 전수해 줄 전문가도 없는 상황에서 혼자서 고군분투하며 관련 자료를 모았다. 많은 책을 살펴보고, 관련 기관에 연락하고 쫓아다니며 궁금한 것을 해결해 나갔다. 어설펐지만 준비해 간 수업에 학생들이 즐겁게 참여하는 모습을 보며 걱정이 벅차올랐다. 무엇보다 좋았던 점은 학생의 수업 태도가 적극적으로 변한 것이었다. 학생들의 변화를 지켜보며 프로젝트 수업이 미치는 긍정적인 효과에 대해 확신을 갖게 되었다.

새로운 것을 알아가는 것이 얼마나 즐거운 일인지, 프로젝트 수업을 준비하면서 교사인 나 스스로 깨닫게 되었다.

교사가 말하는 프로젝트 수업

'학생이 어떤 사람으로 자라나길 바라는가?' 교사라면 누구나 학생이 인생을 살아가는 데 있어 중요한 것들을 가르쳐 주고 싶어 한다. 나는 학생이 자신의 재능을 발견하고 꿈을 펼쳐 나가길 바란다. 자신의 행복뿐만 아니라 다른 사람의 행복도 중요하게 생각하는 사람으로 자랐으면 한다. 이러한 바람을 수업을 통해 이야기하고 싶었다. 프로젝트 수업을 하며 얻을 수 있는 이점을 정리하면 다음과 같다.

'행복한 삶'에 대해 생각할 기회를 준다

나는 교육이란 한 인간이 행복한 삶을 살 수 있도록 돕는 일이라 생각한다. 그 아이들이 지금 여기에서 행복을 느끼고 앞으로도 행복하게 살아가길 바란다. 또한 행복한 삶을 위해 가장 중요한 것이 자신을 이해하는 것이라 생각한다. 자신이 무엇을 좋아하고 무엇을 할 때 행복한지 알아야 하기 때문이다. 이를 수업을 통해 이야기 나누고 싶어 '내가 좋아하는 것' 프로젝트와 '오즈의 마법사 프로젝트' 수업을 진행했다.

학생들에게 '내가 좋아하는 것을 최대한 많이 말해보세요'라고 하면 답변을 잘하지 못한다. 내가 좋아하는 것에 대해 진지하게 생각해 본 경험이 없기 때문이다. 자신이 원하는 것에 대해 스스로 생각해보는 시간을 갖기 위해 '내가 좋아하는 것' 프로젝트를 진행했다. 학생들은 자신이 좋아하거나 관심 있는 분야의 주제를 학습하여 친구들에게 소개해야 한다. 그 과정에서 자신이 정말 좋아하는 것이 무엇인지 탐색하게 된다.

'오즈의 마법사 프로젝트'는 자신의 성격을 탐색해 보는 수업이다. 이 프로젝트를 통해 학생들은 그동안 말하지 못한 자신의 속마음을 터놓고 이야기할 수 있었다. 자신의 말에 공감해주는 친구들을 보며 눈물을 훔쳤고, 서로 깊이 연결될 수 있었다. 프로젝트 수업을 통해 학생들은 자신의 내면을 탐색하고 서로에 대해 이해할 수 있는 충분한 시간을 가졌다.

학생들과 함께 의미 있는 일을 할 수 있다

자신의 행복이 소중한 만큼 타인의 행복도 소중하다. 학생들이 다른 사람과 더불어 행복한 삶을 살길 바란다. 더 좋은 사회를 만들기 위해 무엇을 할 수 있을지 학생들과 함께 생각해 보았다.

이야기를 나누던 과정에서 학생들은 지하철역에서 본 노숙인을 돕고 싶어 했다. 겨울에 노숙인들이 찬 바닥에서 자는 것을 염려해서 '노숙인 돕기 프로젝트'를 실시했다. 학생들은 조사를 통해 노숙인 쉼터에서 노숙인의 잠자리를 제공한다는 사실을 알게 되었다. 노숙인 쉼터 담당자와 인터뷰를 통해 필요한 부분을 알아냈고, 쉼터에 더 많은 지원을 해달라는 제안을 구청에 전달했다. 이 과정에서 학생들은 다른 사람과 더불어 행복하게 사는 문제에 대해 생각할 수 있었다.

학생들은 자신의 힘으로 변화를 이끌어 낼 수 있다는 생각에 자부심을 느낀다. 프로젝트 수업은 학생들이 세상을 조금 더 따뜻하게 바라보고, 더 좋은 세상을 만들기 위해 적극적으로 참여할 수 있는 동기를 부여한다.

학생의 재능을 발견하다

종호는 공부에 별로 관심이 없다. 친구들을 웃기고, 친구들과 재미있게 지내는 것이 일상의 즐거움이다. 수업 시간에 웃긴 말로 수업 흐름을 종종 끊거나 모둠 활동을 할 때도 수업과 관련 없는 이야기를 해서 눈총을 받을 때가 많았다. '역사 투어가이드' 프로젝트 수업에서 각자 잘하는 것과 선호하는 것을 바탕으로 역할 분담을 하도록 했다. 종호는 분위기 메이커 역할을 맡았다. 실제로 친구들은 종호의 웃기는 말과 행동 덕분에 즐겁게 팀 활동을 할 수 있었다. 친구들의 긍정적인 반응에 힘을 얻은 종호는 팀별 과제에도 적극적으로 참여하며 창의적인 아이디어를 냈다. 그동안 학습을 방해한다고 여겨졌던 종호의 행동이 프로젝트 수업에서는 분위기를 좋게 만드는 중요한 요소로 인정받았다.

이희재 선생님은 학생들과 함께 시인 프로젝트 수업을 진행했다. 학생들이 시의 아름다움을 느끼고, 일상생활에서 시를 즐길 수 있길 바랐다. 시인을 직접 교실로 초청해 시를 더 잘 이해하는 방법과 시 쓰는 방법에 대해 배웠다. 학습 부진을 면치 못하던 승혁이가 시 쓰기에 두각을 나타냈다. 친구들은 승혁이의 시를 좋아했다. 선생님은 학생들이 쓴 시를 모아 시 공모전에 출품했다. 운 좋게도 승혁이가 시 공모전에서 입상했다. 승혁이는 프로젝트가 끝났는데도 쉬는 시간이나 방과 후에 시를 썼다.

프로젝트 수업을 통해 기존에는 산만한 아이로 불리던 학생이 창의적인 아이로 인정을 받기도 하고, 학습 성적이 부진해서 소극적이던 학생이 자신의 재능을 찾아 자신감을 회복하기도 한다. 이처럼 프로젝트 수업은 학생들의 재능과 강점을 발휘할 수 있는 기회를 제공한다.

미래 사회에 대비한 핵심 역량을 기를 수 있다

스탠포드 디스쿨, MIT 미디어랩, 미네르바 스쿨, 올린 대학교는 최근 미국에서 미래의 학교로 크게 주목받는 대학들이다. 이 대학들의 공통점은 무엇일까? 바로 프로젝트 방식으로 강의를 진행한다는 점이다. 세계 최고라 불리는 대학에서 프로젝트를 주된 강의 방식으로 활용하는 이유는 무엇일까? 미래 사회에 필요한 핵심 역량을 키울 수 있는 수업 방법이 프로젝트라 믿기 때문이다. 버니 트릴링과 찰스 파델은《21세기 핵심 역량》[1] 에서 '프로젝트 수업을 통해 학생은 21세기에 필요한 핵심 역량을 효과적으로 키울 수 있다'고 말했다. 프로젝트 수업은 미래 사회에 대비한 인재를 기르는데 유용한 수업 방법이다.

---

1   《21세기 핵심 역량》버니 트릴링(Bernie Trilling)과 찰스 파델(Charles Fadel), 학지사

2 프로젝트 수업의 핵심

PBL 다이아몬드

드 로즈는 《평균의 종말》에서 근대식 공교육이 어떤 원리에서 생겨났는지에 대해 자세히 설명한다.

'그 당시에는 공장에서 일할 수 있는 노동자를 양성하기 위해 교육 시스템을 과학적인 관리 중심의 시스템으로 만들었다. 학생을 성적이나 관심사나 적성별이 아닌 나이별로 나누어 정해진 시간 동안 수업을 받게 하는 방식이었다. 지도 내용 및 방법, 교과서의 필수 주제, 학생들의 성적 채점 방식 등 학교에서 행해지는 모든 과정을 고정불변적인 커리큘럼으로 만든 것이다. 각각의 학생들을 평균적 학생으로 다루며, 모든 학생에게 표준화된 동일 교육을 시켰다.'

모든 교육이 여전히 위와 같은 방식으로 진행되지는 않는다. 하지만 이와 같은 교육 방식은 우리 교실에서 여전히 유효하다. 표준화된 일제식 교육에서 학습자는 평균이기 때문에 개개인의 자질과 관심사는 고려 대상이 아니다. 이에 대한 반발로 구성주의 이론이 등장한다. 이 이론에서 학생은 지식을 구성하는 능동적인 학습자이다. 구성주의 학습 이론의 원리를 정리하면 다음과 같다.

> **구성주의 학습 원리**
>
> ✚ 학습자들은 자신들이 이해하는 방식으로 지식을 구성한다.
> ✚ 사회적 상호 작용은 학습을 촉진한다.
> ✚ 의미 있는 학습은 실세계 과제를 해결할 때 일어난다.

구성주의 이론에 따르면 학습은 '학생이 동료나 교사와 함께 실세계 과제를 해결하며 지식을 구성해 나가는 방식'으로 이루어져야 한다. 이러한 구성주의 이론을 구현시키는 방법 중 하나로 등장한 것이 바로 프로젝트 수업이다. 프로젝트 수업의 핵심은 학습자의 능동적인 학습에 있다. 학습자의 능동적인 학습 참여를 '자율 탐구'라 한다.

카츠와 차드(Katz & Chard)는 《프로젝트 접근법》에서 프로젝트의 핵심을 '탐구'라 말했다. 프로젝트는 1시간 단위로 수업을 하는 것이 아니라 수일에서 수주 간에 걸쳐 오랜 시간 동안 학습한다. 주제에 따라 더 오래 연구할 수도 있다. 긴 시간 동안 학생들은 특정한 주제에 대해 깊이 연구한다. 깊이 있는 연구를 '깊은 탐구'라 한다.

프로젝트 핵심 요소는 '자율 탐구'와 '깊은 탐구'이다. 교사가 프로젝트의 핵심 요소를 계획과 실행 단계에 적용할 수 있도록 'PBL 다이아몬드(Project Based Learning Diamond)'를 제시한다.

PBL 다이아몬드

'PBL 다이아몬드'의 가운데에는 프로젝트 수업을 통해 학생에게 길러주고자 하는 핵심 목표인 '깊은 탐구'와 '자율 탐구'가 있다. '깊은 탐구'와 '자율 탐구' 주변에는 이를 달성하기 위한 네 가지 방법인 '고차적 사고력, 배움 다지기, 학생 참여, 자율 학습'이 있다.

먼저 그림의 좌우를 기준으로 살펴보자. 그림의 좌우는 탐구 방식에 따라 나뉜다. 왼쪽에는 학생의 깊은 탐구를 돕는 방법인 '고차적 사고력'과 '배움 다지기'가 있다. 오른쪽에는 학생의 '자율 탐구'를 돕는 방법인 '학생 참여'와 '자율 학습'이 있다.

그림의 위아래를 기준으로 살펴보면, 윗부분은 프로젝트의 계획 단계이고 아랫부분은 실행 단계이다. 윗부분의 '고차적 사고력'과 '학생 참여' 방법은 계획 단계에서 활용하고 아래의 '배움 다지기'와 '자율 학습' 방법은 실행 단계에서 활용한다.

프로젝트 계획의 핵심

"즐겁게 활동했는데 의미 있는 배움이 일어나지 않았어요."

"교사가 주도하는 프로젝트 수업이 되어버렸어요."

교사들이 주로 겪는 프로젝트 수업의 어려움을 두 가지로 정리했다. 하나는 학생이 즐겁게 참여할 수 있도록 프로젝트 계획을 세웠는데 의미 있는 배움이 일어나지 않는 경우이다. 다른 하나는 학생이 프로젝트 수업에 능동적으로 참여할 거라 예상했는데 수동적으로 임하는 경우이다. 프로젝트 수업을 실시하면 학생이 능동적으로 학습에 참여하여 의미 있는 배움이 일어날 거라 예상했는데 그렇지 않은 경우가 의외로 많아 당황하게 된다.

의미 있는 배움과 학생의 참여가 일어날 수 있도록 '고차적 사고력 활용 설계'와 '학생 참여 보장 설계' 방법을 활용할 수 있다.

'고차적 사고력' 활용 설계와 '학생 참여' 보장 설계 방법

'고차적 사고력' 활용 설계 방법	'학생 참여' 보장 설계 방법
- 관점 설정 - 필수-심화 활동 - 사람-현장 연결 - 과정 중심 평가	- 동기 유발 - 선택 학습 - 학생 자율권 5요소 - 학생 질문 모으기
↓	↓
깊은 탐구	자율 탐구

'고차적 사고력' 활용 설계

고차적 사고력이란 블룸의 분류 체계(Bloom's taxonomy)에서 지식을 적용, 분석, 평가, 창조하는 높은 수준의 사고를 의미한다. (Anderson & Krathwohl, 2001)

고차적 사고력을 활용할 수 있도록 프로젝트 계획을 세우려면 주제에 관한 관점을 명확하게 설정하고, 필수 학습 활동을 바탕으로 심화 학습 활동을 구상해야 한다. 또한, 전문적인 지식을 지닌 사람과 현장을 학습에 연결시키고, 모든 학생들이 깊이 있게 탐구할 수 있도록 과정 중심 평가를 진행해야 한다.

관점 설정

관점(a point of view)의 사전적 의미는 '사물이나 현상을 관찰할 때, 그 사람이 보고 생각하는 태도나 방향'을 의미한다. 프로젝트 수업에서는 학생이 단순한 지식을 회상하도록 하기보다는 배운 지식을 연결하고 새로운 상황에 적용할 수 있도록 해야 한다. 이를 학습의 전이라 한다. 전이는 다양한 지식을 얕게 배우기보다 한 분야의 주제를 깊이 있게 탐구할 때 일어난다. 관점 설정을 통해 학습의 전이가 일어나도록

프로젝트를 계획할 수 있다. (81쪽)

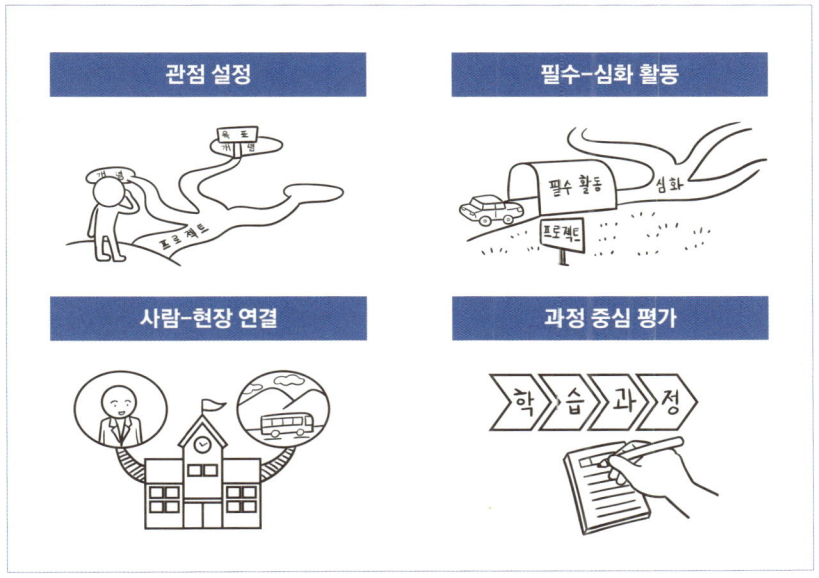

고차적 사고력 활용 설계 방법

필수-심화 활동

필수 활동이란 프로젝트 주제에 대한 기초적인 배경 지식을 쌓는 학습 과정을 뜻한다. 심화 활동이란 깊이 있는 지식을 탐색하는 단계를 의미한다. 프로젝트 수업에서 배경 지식을 쌓지 않고 깊이 있는 탐구를 하기는 어렵다. 학생이 필수 학습을 통해 배경 지식을 충분히 쌓은 후 심화된 학습을 할 수 있도록 해야 한다. (98쪽)

사람-현장 연결

사람과의 연결이란 프로젝트 주제와 관련된 분야의 직업인이나 전문가와의 만남을 의미한다. 사람과 연결되면 그 분야의 전문적인 지식과 현장에서 일어나는 실제 이야기를 생생하게 들을 수 있어 앎이 깊어지고 확장된다. (107쪽) 현장과의 연결이란 주제와 관련된 장소에 직접 방문하는 현장 학습을 의미한다. 현장에 방문하면 그곳에 있는 전문가와 여러 자료를 통해 다양하고 깊이있는 정보를 얻을 수 있다. (109쪽)

과정 중심 평가
평가에는 최종 성취도를 평가하는 '결과 중심 평가'와 학습 도중에 성취도를 평가하는 '과정 중심 평가'가 있다. 교사는 과정 중심 평가를 통해 적절한 피드백을 함으로써 학생이 깊이 있는 탐구를 할 수 있도록 도울 수 있다. (112쪽)

'학생 참여' 보장 설계
학생이 자발적으로 수업에 참여하게 하는 것은 매우 중요하지만 교사가 가장 어려워하는 과제이기도 하다. 에드워드 L. 데시와 리처드 플래스트의 저서 《마음의 작동법》에서는 학생의 자발적 동기를 이끌어 내기 위해 다음과 같은 방법을 제안한다.

> '똑 같이 어떤 일을 해야 하는 상황에 처했을 때 그것을 실행하는 방법에서 조금이라도 자유를 누리며 자율성을 인정받으면 집중도가 더 높아지고 과제를 즐기기까지 한다. 넓은 의미에서 본다면 선택권을 준다는 것이야 말로 인간의 자율성을 뒷받침하는 중심 요소라 할 수 있다.'

프로젝트 수업에서도 마찬가지이다. 학생이 자발적으로 참여할 수 있는 기회를 교사가 부여해야 한다. 이를 위해 학생의 학습 동기를 유발하기 위한 첫 수업을 준비한다. 도입 단계에서 질문을 활용하여 학생의 의견을 계획에 반영하고, 학생 참여의 기회를 늘린다. 또 선택 활동 및 학생 자율권 5요소를 활용하여 학생에게 선택권을 줄 수 있다.

동기 유발

프로젝트를 도입할 때 학생이 학습에 흥미를 갖고 참여할 수 있도록 첫 수업을 세심하게 기획하고 진행해야 한다. 첫 수업에서 교사가 프로젝트 수업에 대한 학생의 흥미를 이끌어내지 못할 경우 그 이후에 학생을 참여시키기 위해 엄청난 노력을 하더라도 효과를 보기 어려울 수 있다. 동기 유발을 위한 첫 수업 방법 여섯 가지를 제안한다. (147쪽)

선택 활동

학생은 자신의 관심사를 바탕으로 학습 내용이나 학습 방법을 선택하여 학습할 수 있다. 선택 활동을 통해 학생은 프로젝트에 흥미를 느끼고 적극 참여하게 된다. (104쪽)

학생 자율권 5요소

학생에게 줄 수 있는 선택권을 5가지 사항으로 정리했다. 프로젝트 수업을 처음 소개할 때에는 학생의 자율권을 적게 주고 시작하는 것이 좋다. 학생이 스스로 학습하고 협력할 수 있는 역량이 커졌을 때 더 많은 자율권을 줄 수 있다. (116쪽)

학생 참여 보장 설계 방법

학생 의견 반영

학생이 관심을 갖는 내용으로 수업을 구성하면 학생은 자발적으로 학습에 참여할 것이다. '질문 나누기'와 '질문 모으기' 활동을 통해 학생의 의견을 프로젝트 계획에 반영할 수 있다. 학생은 자신이 제시한 의견이 수업에 반영됨을 알고 자부심을 느끼게 되며 더욱 적극적으로 학습에 참여하게 된다. (154쪽)

프로젝트 수업 계획 순서

프로젝트는 일반적으로 '주제 정하기 → 목표 설정하기 → 활동 계획하기'의 순으로 진행한다. 프로젝트 계획 세우기 강의를 할 때 이러한 순서로 안내하면 쉽게 계획하지 못하는 선생님들이 많았다.

조금 더 쉽게 계획을 세우는 방법에 대해 고민했다. 이를 위해 내가 어떤 과정으로 프로젝트를 계획했는지 돌아보았다. 나의 경우 프로젝트의 목표와 활동을 계획하기 전에 주제와 관련한 책과 전문가를 찾아 배경 지식을 축적했다. 충분한 자료와 정보가 뒷받침 되다보니 목표 설정과 활동 계획을 보다 쉽게 할 수 있었다. 이 점에 착안하여 선생님들께도 프로젝트의 목표와 활동을 구상하기 전에 배경 지식을 충분히 쌓으시라고 안내했다. 이렇게 하자 강의에 참여한 선생님들도 보다 쉽게 프로젝트 계획을 세울 수 있었다.

프로젝트를 계획할 때에는 목표 설정과 활동 설계 이전 단계에서 주제에 대한 배경 지식을 충분히 쌓아야 한다. 배경 지식을 쌓는 과정을 '프로젝트 가이드맵 작성하기'라 한다. 프로젝트 계획을 짤 때는 '주제 정하기 → 프로젝트 가이드맵 작성하기 → 탐구 질문(목표) 정하기 → 활동 설계하기'의 순서로 진행한다.

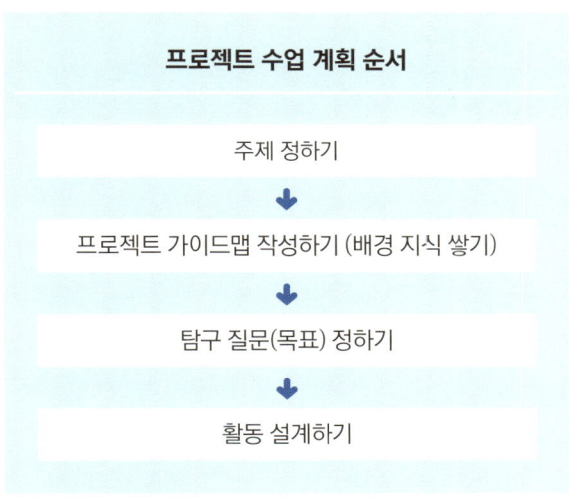

프로젝트 실행의 핵심

프로젝트 실행 단계에서 학생은 학습의 과정을 점검하고 조절하며 스스로 학습을 진행해야 한다. 이를 위해 교사는 탐구 과정에서 '배움 다지기'와 '자율 학습'을 돕는 방법을 활용할 수 있다.

'배움 다지기'와 '자율 학습'을 돕는 방법

배움 다지기	자율 학습
- 학습 과정 시각화하기 - 탐구 과정과 결과 파악하기 - 중간발표 및 개선하기	- 탐구 방법 가르치기 - 학생 스스로 답을 찾게 하는 질문하기 - 배움 문화 조성하기
↓	↓
깊은 탐구	자율 탐구

탐구 과정에서 배움 다지기

학생들에게 "이 프로젝트를 통해서 무엇을 배웠나요?"라고 물으면 주

탐구 과정에서 배움을 다지는 방법

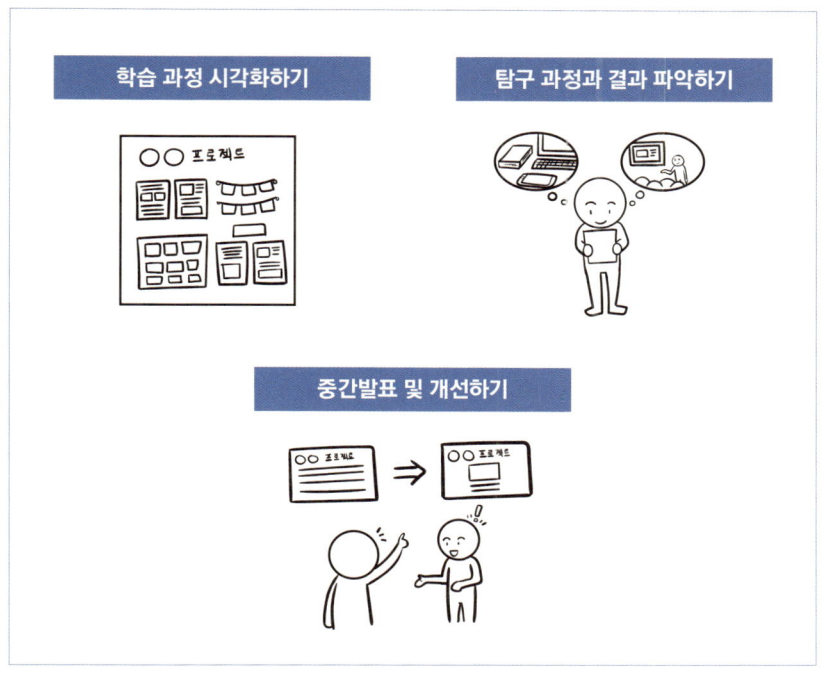

로 도입 부분의 첫 수업과 마지막 발표회에 대해 말한다. 아쉽게도 프로젝트에서 의도한 핵심적인 내용을 말하는 학생은 찾아보기 어려웠다. 학생은 자신에게 인상 깊었던 활동과 내용을 부분적으로 기억하기 때문이다. 교사는 학생이 갖고 있는 파편화된 지식들을 연결하여 의미 있는 맥락을 만들 수 있도록 도와야 한다. 이를 위해 '학습 과정 시각화하기', '탐구 과정과 결과 파악하기', '중간발표 및 개선하기'의 방법을 활용할 수 있다.

학습 과정 시각화하기

'학생은 경험을 통해 배우는 것이 아니라 경험의 성찰을 통해 배운다.' 학생이 배운 것을 돌아보는 과정에서 의미를 되새겨야 유의미한 학습이 일어난다. 프로젝트 수업을 하는 과정에서 주기적으로 학습한 것을 돌아보며 배움의 의미를 따져볼 필요가 있다. 이를 돕기위해 학습 과정을 시각화 해야 한다. (183쪽)

탐구 과정과 결과 파악하기

탐구 결과가 어떠한 과정을 통해 나왔는지 돌아보며 학생들은 자신들이 활용한 탐구 방법이 효과적이었는지 점검해 볼 수 있다. 이러한 반성적 과정을 통해 학생은 학습하는 순간에는 미처 생각지 못했던 것들을 깨닫게 된다. (187쪽)

중간발표 및 개선하기

프로젝트 실행 도중 학습의 중요한 지점에서 '중간발표 및 개선하기'를 진행할 수 있다. 학생들은 학습한 내용을 나누고 피드백(장점 및 개선점 제시)하며 서로 도와 탐구 문제를 해결해 나간다. (193쪽)

학생의 '자율 학습'을 돕기

계획 단계와 마찬가지로 실행 단계에서도 학생이 자율적으로 탐구할 수 있도록 교사가 도와야 한다. 이를 위해 '탐구 방법 가르치기, 학생 스스로 답을 찾게 하는 질문하기, 배움 문화 조성하기'의 방법을 활용할 수 있다.

탐구 방법 가르치기

혼자서 학습할 수 있는 역량이 갖추어지지 않은 학생에게 자율적인 탐구 활동이 주어지면 혼란스러워 하거나 좌절하기도 한다. 학생이 제대로 된 탐구를 하려면 스스로 생각하고 질문하며 이를 조사하고 정리할 수 있어야 한다. 교사가 꾸준히 학생에게 탐구 방법을 안내해 주어야 한다. (162쪽)

학생 스스로 답을 찾게 하는 질문하기

학생이 스스로 학습하는 과정에서 어려움을 겪을 경우 교사는 직접적

학생 스스로 탐구하게 하기

인 가르침은 되도록 자제하고 학생이 어려워하는 점을 공감해주며, 학생 스스로 해결책을 이끌어내도록 격려하는 편이 좋다. 이를 위해 질문을 활용할 수 있다. (173쪽)

배움 문화 조성하기

프로젝트 수업을 진행하는 데 간혹 "그냥 선생님이 가르쳐주세요"라고 말하는 학생이 있다. 학생이 프로젝트 수업을 경험해 보지 못했거나 경험했더라도 좋지 않은 기억을 가지고 있기 때문이다. 이런 말을 들으면 교사는 프로젝트 수업을 시작하기도 전에 맥이 빠진다. 교사는 학생이 능동적으로 학습하려는 자세를 갖도록 이끌어 주어야 한다. 이를 위해 배움 문화 조성을 위한 도전과 협력의 수업 방법을 활용할 수 있다. (223쪽)

프로젝트 실행 순서와 세부 과정

프로젝트를 실행하는 순서와 단계별 세부 과정은 아래의 표를 통해 확인할 수 있다.

프로젝트 실행 순서와 세부 과정

프로젝트 실행 순서	세부 과정
도입 하기	- 프로젝트 수업 안내하기 - 동기 유발을 위한 첫 수업하기 - 학생의 의견을 프로젝트 계획에 반영하기

탐구 하기	- 필수 활동하기 - 학생 스스로 탐구하기(심화 활동) 　· 탐구 방법 가르치기 　· 학생 스스로 답을 찾게 하는 질문하기 　· 팀별 활동 지도하기 - 탐구 과정에서 배움 다지기 　· 학습 과정 시각화하기 　· 탐구 과정과 결과 파악하기 　· 중간발표 및 개선하기 - 교사의 과정 중심 평가 실행
발표 및 성찰 하기	- 결과물 디자인하기 - 발표하기 - 성찰하기

지금까지 안내한 프로젝트 수업의 핵심 요소를 정리하면 다음 표가 완성된다.

프로젝트 수업의 핵심 요소

구분		깊은 탐구	자율 탐구
계획 방법		고차적 사고력 활용 설계	학생 참여 보장 설계
		- 관점 설정 - 필수-심화 활동 - 사람-현장 연결 - 과정 중심 평가	- 동기 유발 - 선택 학습 - 학생 자율권 5요소 - 학생 의견 반영
실행 방법		'배움 다지기'	'자율 학습'
		- 학습 과정 시각화하기 - 탐구 과정과 결과 파악하기 - 중간발표 및 개선하기	- 탐구 방법 가르치기 - 학생 스스로 답을 찾게 하는 질문하기 - 배움 문화 조성하기

2

Project Based Learning

프로젝트 수업 계획하기

1 주제 선정하기
2 프로젝트 가이드맵 작성하기
3 탐구 질문 작성하기
4 활동 설계하기

SUMMERY

지금까지 참여와 배움의 가치를 살리는 프로젝트 수업의 핵심 요소에 대해 알아보았다. 이제 그 핵심 요소들을 활용하여 프로젝트를 어떻게 계획해야 하는지 자세하게 안내하고자 한다.

프로젝트 계획 절차

프로젝트 계획은 '주제 정하기 → 프로젝트 가이드맵 작성하기(배경 지식 쌓기) → 탐구 질문 정하기 → 활동 설계하기'의 순으로 진행된다.

프로젝트 수업 계획 순서

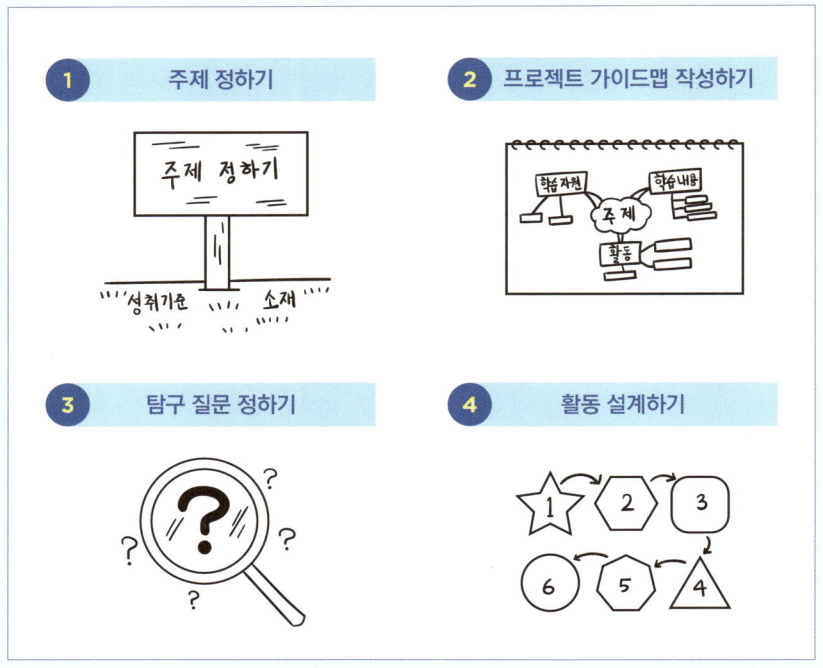

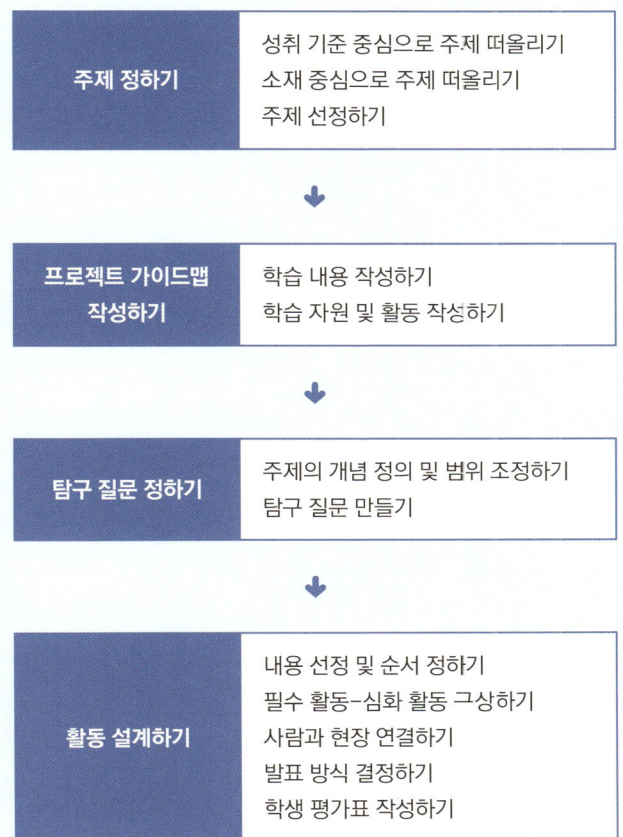

주제 정하기

주제를 쉽게 정하려면 최대한 많은 주제를 떠올린 후 그 중 적절한 것을 선택하는 것이 좋다. 성취 기준과 소재, 프로젝트 유형을 고려해 프로젝트 주제를 최대한 많이 떠올려 보자. 떠올린 주제 중 하나를 프로젝트 주제로 선정하고 그와 관련된 성취 기준과 연결하자.

프로젝트 가이드맵 작성하기

프로젝트 계획을 잘 세우려면 프로젝트 주제에 대한 지식이 풍부해야 한다. 프로젝트 가이드맵을 작성하면 프로젝트 주제에 대한 지식을 쌓는데 도움이 된다. 주제와 관련한 내용, 학습 자원, 활동을 한눈에 볼 수 있도록 프로젝트 가이드맵을 작성한 후 목표 설정과 활동 설계를 할 때 활용한다.

탐구 질문 정하기

탐구 질문은 프로젝트의 핵심 목표이다. 핵심 목표에는 명확한 탐구의 방향(관점)이 있어야 깊은 탐구가 일어날 수 있다. 이를 위해 프로젝트 주제의 하위 개념을 분석하여 범위를 적절하게 설정한 후 '좋은 탐구 질문의 요건'에 맞추어 탐구 질문을 작성해야 한다.

활동 설계하기

활동은 재미있으면서도 배움이 일어나도록 설계해야 한다. 학생에게 의미있는 학습 경험을 제공하려면 활동을 먼저 떠올리기 보다는 내용을 먼저 떠올리는 것이 좋다. 활동은 내용을 학습하는 방법이기 때문이다. 또한 기초적인 지식을 쌓는 필수 활동을 먼저 한 후 심화 활동을 할 수 있도록 계획해야 한다. 학생의 능동적이고 자발적인 학습 참여를 독려하기 위해 선택 활동을 계획에 포함시킬 수 있다.

평가 준비하기

교사는 학생의 학습 도달도를 파악하고 적절한 피드백을 하기 위해 학생 평가표를 작성해야 한다. 작성된 평가표를 학생에게 제시하면 학생이 스스로 자신의 학습을 점검하고 평가하게 할 수 있다.

1 주제 선정하기

프로젝트 주제 쉽게 정하기

"좋은 프로젝트 주제를 떠올리려면 어떻게 해야 하나요?"

많은 선생님들이 연수에서 '좋은 프로젝트 주제'에 대해 묻는다. '좋은 프로젝트 주제란 이것이다'라고 말하기는 쉽지 않다. 하지만 좋은 프로젝트 주제를 선정하는 방법은 있다. 최대한 많은 주제들을 떠올려 본 후 그 중 하나를 선택하는 것이다.

주제 선정 절차

주제 떠올리기 ➡ 주제 정하기 ➡ 성취 기준 연결하기

성취 기준, 소재, 프로젝트 유형 활용하여 주제 떠올리기

프로젝트 주제를 떠올리는 방법에는 성취 기준을 활용하는 방법, 소재를 활용하는 방법, 프로젝트 유형을 활용하는 방법이 있다.

성취 기준을 중심으로 주제 떠올리기

자신의 학년에 해당하는 교육 과정 성취 기준을 한데 모아 살펴보자. 주제를 정할 때에는 사회, 도덕, 과학, 국어 교과의 성취 기준을 중심으로 살펴보는 것이 좋다. 이때 다음의 주제 선정 기준을 활용할 수 있다.

> **성취 기준 활용 주제 선정 기준**
>
> ✚ 교과서로 수업을 진행하기에 **어려운** 주제는 무엇인가?
> ✚ 학생이 직접 **경험**을 통해 학습하도록 하는 데 적합한 주제는 무엇인가?
> ✚ 학생이 사회에 **참여**할 수 있도록 하는 주제는 무엇인가?
> ✚ 충분한 **시간**을 확보해야 학습 목표에 도달할 수 있는 주제는 무엇인가?
> ✚ **비슷**해서 한데 묶어 학습할 수 있는 주제는 무엇인가?

다음은 6학년 사회과에 제시된 성취 기준이다.

> [6사04-04] 광복을 위하여 힘쓴 인물(이회영, 김구, 유관순, 신채호 등)의 활동을 파악하고, 나라를 되찾기 위한 노력을 소중히 여기는 태도를 기른다.

초등학교 사회과의 역사 부분은 가르칠 내용이 너무 많아 교사가 가르치는 데 어려움을 겪는다. 위의 성취 기준을 활용하여 역사를 현재와 연결시키고, 역사적 인물에 대해 깊이 공감해 볼 수 있는 '역사 공감 프로젝트'[1]를 주제로 떠올려 볼 수 있다.

4학년 사회과와 도덕과에 제시된 성취 기준이다.

> [4사04-06] 우리 사회에 다양한 문화가 확산되면서 생기는 문제(편견, 차별 등) 및 해결 방안을 탐구하고 다른 문화를 존중하는 태도를 기른다.
> [4도03-02] 다문화 사회에서 다양성을 수용해야 하는 이유를 탐구하고 올바른 의사 결정 과정을 통해 다른 사람과 문화를 공정하게 대하는 태도를 지닌다.

'차별과 편견'[2] 이라는 주제는 직접 경험을 통해 학습하는 것이 교과서로 학습하는 것보다 더 의미 있다. 삶의 경험을 통해 학습하려면 충분한 시간 확보가 필수적이다.

다른 단원이나 과목의 성취 기준이라도 유사한 주제를 다룰 경우 한데 묶어 프로젝트 주제로 잡을 수 있다.

> [6사02-01] 인권의 중요성을 인식하고 인권 신장을 위해 노력했던 옛 사람들의 활동을 탐구한다.
> [6사02-02] 생활 속에서 인권 보장이 필요한 사례를 탐구하여 인권의 중요성을 인식하고, 인권 보호를 실천하는 태도를 기른다.
> [6도03-01] 인권의 의미와 인권을 존중하는 삶의 중요성을 이해하고, 인권 존중의 방법을 익힌다.

---

1   수업교실 연구팀 최수징 선생님의 역사공감 프로젝트에서 인용
2   수업교실 연구팀 이순화 선생님의 차별과 편견 프로젝트에서 인용

위의 경우 5학년 사회과와 도덕과의 성취 기준이다. 과목은 다르지만 모두 인권과 관련이 있는 성취 기준이어서 '인권'을 프로젝트 주제로 잡을 수 있다.

소재 중심으로 떠올리기

'교사가 가르치고 싶은 것, 최근 화제가 되는 것, 학생이 흥미로워 하는 것' 중 하나를 소재로 삼아 프로젝트 주제를 떠올릴 수 있다.

'가르치고 싶은 것'을 프로젝트 주제로 선정하면 교사는 즐겁게 수업을 준비할 수 있다. 또한 그 주제에 대해 많은 지식을 갖고 있는 경우 프로젝트 계획을 세우는데 큰 도움이 된다.

'최근 화제'는 최근 학교나 이웃, 사회에서 화제가 되는 주제를 의미한다. '최근 화제'를 파악하기 위해서는 주변에서 일어나는 일에 관심을 갖고 살펴보아야 한다. 컴퓨터를 켜고 포털 사이트의 뉴스를 한번 둘러보자. '혐오 표현'이나 '평화' 등 한눈에 화제가 되는 상황들을 파악할 수 있다.

'학생의 흥미'는 학생들 사이에서 유행하거나 관심이 있는 주제를 말한다. 학생의 행동을 관찰하고 학생의 관심사에 대해 이야기 나누어 보면 학생이 관심을 갖는 주제를 떠올릴 수 있다. 학생들 사이에서 '불량 식품'이 유행한다면 교사가 "불량 식품 먹지 마세요"라고 말할 수도 있지만 이를 프로젝트 수업의 주제로 삼아 탐구하게 하여 학생 스스로 판단하게 할 수 있다.

소재 중심 프로젝트 수업 주제의 예

가르치고 싶은 것	최근 화제	학생 흥미, 필요, 실생활
- 자존감 - 도전	- 고양 꽃 축제 - 진해 군항제 - 패럴림픽	- 아이돌 - 게임 - 반딧불이

프로젝트 유형별로 주제 떠올리기

프로젝트 수업은 조사, 문제 해결, 창조, 탐구의 네 가지 유형[3] 으로 구분한다.

조사 프로젝트는 특정 주제를 조사하여 결론을 도출해 내는 프로젝트이다. '어떻게 하면 운동을 잘할 수 있을까?'라는 주제는 학생이 '운동을 잘하는 방법'에 대해 조사한 후 얻어진 정보를 정리하여 결론을 내는 조사 프로젝트라 할 수 있다.

문제 해결 프로젝트는 문제에 대한 해결책을 마련해 보는 프로젝트이다. '노숙인을 어떻게 도울까?'라는 주제는 노숙인을 도울 방법을 찾아 해결해 보는 문제 해결 프로젝트이다.

창조 프로젝트는 무언가를 만들거나 관련 행사를 진행하는 프로젝트이다. '우리 학교 식물도감'과 같이 결과물을 만들거나, '전통문화 부스 체험'과 같은 행사를 진행하거나, 모형 다리를 디자인 해보는 프로젝트 수업이 창조 프로젝트에 해당된다.

탐구 프로젝트는 답이 구체적이지 않은 철학적, 인문학적 질문을

3　《프로젝트 수업 어떻게 할 것인가?》 존라머 외 저, 최선경 외 역, 지식프레임, 2017

탐구하는 프로젝트이다. '삶이란 무엇일까?', '행복이란 무엇일까?'와 같은 주제가 탐구 프로젝트에 해당한다.

다음 사례와 같이 유형별 프로젝트 주제를 다양하게 떠올려 볼 수 있다.

유형별 프로젝트 수업 주제의 예

조사	문제 해결
- 신라는 어떻게 1000년 동안 국가를 유지할 수 있었을까? - 초등학생 이성 교제 어떻게 해야 올바르게 할까? - 어떻게 하면 운동을 잘할 수 있을까?	- 초등학생은 핸드폰을 어떻게 사용해야 할까? - 안전한 먹거리를 먹으려면 어떻게 해야 할까? - 노숙인을 어떻게 도울까?

창조	탐구
- 우리 학교 식물도감을 어떻게 만들까? - 전통문화 체험 부스를 어떻게 만들까? - 전학생이 우리 반에 잘 적응하도록 어떻게 도울까?	- 공부는 왜 해야 할까? - 행복한 삶이란 무엇일까?

주제 선정하기

다양하게 주제를 떠올렸다면 이제 하나의 프로젝트 주제를 선정하면 된다. 학생의 필요와 흥미, 교사의 의도, 교육 과정과의 연결을 고려하여 프로젝트 주제를 선정하자.

성취 기준 연결하기

주제를 선정한 후에는 다양한 학습 활동을 설계하고 필요한 수업 시수를 확보하기 위해 주제와 관련된 성취 기준을 연결시켜야 한다. 성취 기준을 연결시키는 방법에는 주제와 유사한 내용으로 연결하는 방법과 학습 활동과 관련된 성취 기준을 연결하는 방법이 있다.

주제와 유사한 내용의 성취 기준 연결하기
'우정'을 프로젝트 주제로 선정한 경우 '우정'이라는 내용과 직접적인 관련이 있는 성취 기준을 연결시킬 수 있다.

> 프로젝트 주제 : 우정
> 관련 성취 기준 : [4도 02-02] 친구의 소중함을 알고 친구와 사이좋게 지내며, 서로의 입장을 이해하고 인정한다.

성취 기준을 중심으로 프로젝트 주제를 선정했을 경우 유사한 내용의 성취 기준이 없다면 이 과정을 생략해도 된다.

학습 활동과 관련된 성취 기준 연결하기
'내가 좋아하는 것'을 주제로 선정한 경우 주제의 내용을 조사하고 정리하여 발표하는 활동을 할 수 있는 성취 기준을 연결시킬 수 있다.

> 프로젝트 주제 : 내가 좋아하는 것
> 관련 성취 기준 : [6국 01-04 자료를 정리하여 말할 내용을 체계적으로 구성한다]
> [6국 01-05 매체 자료를 활용하여 내용을 효과적으로 발표한다]

TIP 저학년 주제 선정 비법

1학년 시기는 학생이 학교에 적응하는 기간이다. 2학년 학생들은 학교에 적응은 했지만 아직 스스로 학습할 수 있는 역량이 부족하다. 그래서 1, 2학년 학생과 함께 프로젝트 수업을 할 수 없다고 생각할 수도 있다. 하지만 프로젝트 수업은 유치원에서도 활발하게 이루어지고 있다. 학생의 발달 단계와 학습 역량에 맞추어 주제와 탐구 방법을 조절한다면 1, 2학년을 대상으로 프로젝트 수업을 진행할 수 있다.

저학년에 맞는 프로젝트 주제 선정 기준

주디 헤리스(Judy Harris)는 '어린이 연구자 프로젝트 접근법(2015)'에서 유치원 학생과 저학년 학생의 프로젝트 수업 주제를 정하는 기준을 제시했다. 이중 세 가지를 정리하면 다음과 같다.

※ 저학년 프로젝트 주제 선정 기준
① 구체적이고 직접 경험할 수 있어야 한다.
② 학생의 경험, 환경과 쉽게 관련지을 수 있어야 한다.
③ 어른의 지원을 최소로 받고 탐구할 수 있어야 한다.

저학년 프로젝트 수업의 주제는 구체적일수록 좋다. 직접 관찰하고 만져볼 수 있는 인물, 사물, 자연물을 대상으로 해야 한다.

학생이 살아오면서 겪은 경험 내에 있는 소재를 프로젝트의 주제로 선정해야 한다. 저학년 학생은 나와 가족 그리고 친지나 이웃 정도의 범위에서 사람들과 상호 작용한다. 도시나 국가 등의 범위로 주제가 확장될 경우 저학년 학생이 탐구하기 쉽지 않다. 따라서 프로젝트 주제는 나, 가족, 이웃 정도의 범위 내로 잡아야 한다.

어른의 도움이 없이 학습할 수 있는 주제를 선택해야 저학년 학생이 프로젝트에 능동적으로 참여할 수 있다. 고학년 학생들과 프로젝트 수업을 진행할 때처럼 텍스트나 책, 영상을 활용하면 저학년 학생은 교사나 부모의 해석과 도움을 지속적으로 받아야 하기 때문에 프로젝트 수업에 능동적으로 참여하지 못한다.

저학년에 적합한 프로젝트 주제

저학년에 적합한 프로젝트 주제를 제시해 보면 다음과 같다.

※ 저학년에 적합한 프로젝트 주제

동물	개, 고양이, 새, 지렁이 등
식물	학교에 사는 식물, 학교 생태 지도 만들기 등
사물	자동차, 자전거, 카메라, 소화기 등

가족	부모님에 대한 감사 표현, 가족 구성원의 역할 등
친구	우리 반 친구 사전, 친구와 사이좋게 지내기 등
학교	학교의 사람들, 집에서 학교 가는 길, 초등학교 사용 설명서 만들기. 학교 급식, 교실에서 하는 놀이 등
학교와 인접한 장소	공원, 산, 바다, 시내, 박물관, 유적지 등

저학년 학생들에게는 자연 환경과 관련된 주제가 좋다. 학생들이 자연을 탐구하며 지식을 알아갈 뿐 아니라 자연의 신비로움과 소중함을 느낄 수 있기 때문이다. 학생들에게 친숙한 동물인 개, 고양이, 새, 지렁이 등은 학생들에게 친숙하여 자신의 생각을 이야기할 수 있는 경험이 많아 저학년 학생도 쉽게 탐구할 수 있다. 학교 생태 지도를 만들어 볼 수도 있다. 학교와 인접한 곳에 산이나 바다, 시냇가가 있다면 그곳을 방문하여 프로젝트 수업을 진행하는 것도 좋다.

사물의 경우에는 학생들이 평소에 자주 관찰할 수 있는 자동차, 자전거, 카메라, 소화기 등을 주제로 할 수 있다. 실물을 직접 보거나, 만져보고 활용해보며 프로젝트 수업을 진행할 수 있다. 활용하지 않는 물품을 기부 받거나 저렴한 가격에 중고 제품을 구매하면 학생들에게 직접 조작해 볼 기회를 줄 수 있다.

학생이 가장 많은 시간을 보내는 집이나 학교와 관련된 주제도 저학년 학생들에게 적합한 프로젝트 주제이다. 가족과 친구와의 관계와 역할 알아보기, 학교에서 일하는 분들에 대한 고마움 표현하기, 1학년에 입학한 학생들을 위한 초등학교 사용 설명서 만들기, 교실에서 친구들과 함께 놀 수 있는 방법 탐구하기 등을 주제로 프로젝트 수업을 진행해 볼 수 있다.

2 프로젝트 가이드맵 작성하기

배경 지식을 쌓는
프로젝트 가이드맵 작성하기

놀이공원에 가면 가장 먼저 찾는 것이 바로 '가이드맵'이다. 가이드맵을 보면 놀이공원에 어떤 종류의 놀이기구가 있고, 어디에 있는지 한눈에 알 수 있다. 이를 활용해 놀이기구를 탈 순서를 정하고 동선을 결정하면 놀이공원을 더 알차게 즐길 수 있다.

프로젝트 가이드맵이란?

놀이공원의 가이드맵 안에는 놀이공원에 대한 모든 정보가 수록되어 있다. 프로젝트 가이드맵(Project Guide Map)이란 주제에 대한 전반적인 내용, 활동, 자원을 모두 모아 놓은 일종의 프로젝트 지도이다. 이렇게 내용과 활동, 자원을 하나로 모아 놓으면 실제 프로젝트를 디자인할 때 원하는 정보를 선택해서 활용할 수 있다.

다음은 '우이천 프로젝트'를 진행하기 위한 가이드맵의 예시이다. '우이천'은 학교 주변에 있는 시내를 주제로 하는 프로젝트였다. '우이천'에 대해 알아보기 위해 인간과 환경과의 관계, 지속가능한 발전에 대한 내용을 먼저 정리했다. 그리고 그에 맞는 활동을 작성했다. 주변에서 도움 받을 수 있는 환경 분야의 전문가를 찾아 보았다. 조사한 것을 모두 모아 하나의 맵으로 완성했다.

가이드맵 예시(초안)

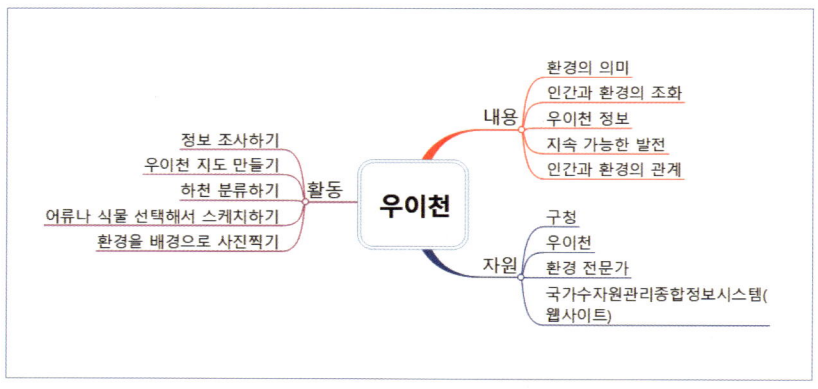

학습 내용, 자원, 활동 작성하기

프로젝트 가이드맵은 주제와 관련된 내용을 최대한 많이 작성해야 한다. 프로젝트 주제와 관련된 많은 내용이 있어야 정확한 목표를 잡고 그에 맞는 창의적인 활동을 계획하기가 쉬워진다. 프로젝트 가이드맵에는 학습 내용, 학습 자원, 학습 활동을 작성한다.

학습 내용 작성하기

프로젝트 가이드맵에서 학습 내용은 '꼭 알아야 할 것'과 '알고 싶은 것, 흥미로운 것'의 두 가지로 구분하여 작성한다. 프로젝트 주제를 탐구하기 위해 꼭 알아야 할 핵심 내용이 '꼭 알아야 할 것(Need to know)'에 해당한다. 학생이 호기심을 갖고 탐색할 수 있는 내용은 '알고 싶은 것, 흥미로운 것(Want to know)'에 해당한다.

꼭 알아야 할 것(Need to know)

학생들이 꼭 알아야 하는 핵심 정보에는 교육 과정 성취 기준, 교과서 학습 내용, 자료 조사를 통해 얻은 중요한 내용 등이 있다. 이를 정리하여 '꼭 알아야 할 것'에 학습 내용 초안을 작성한다. 이후 프로젝트를 준비하고 실행하는 과정에서 관련 도서를 찾아 중요한 내용을 보충하고, 전문가의 도움을 받아 지속적으로 내용을 추가해 나가야 한다.

예를 들어 '불량 식품'이 주제일 경우 '불량 식품의 나쁜 점', '식품 첨가물의 영향 및 종류', '건강에 좋은 식품'을 학생들이 꼭 알아야 할 것으로 선정할 수 있다.

꼭 알아야 할 것 (Need to know)
- 불량 식품의 나쁜 점 - 식품 첨가물의 영향 및 종류 - 건강에 좋은 식품

알고 싶은 것, 흥미로운 것(Want to know)

꼭 알아야 할 내용만 학습할 경우 학생들이 프로젝트를 지루해 하거나 어려워할 수 있다. 학생의 자발적 학습 동기를 끌어내기 위해 학생이 흥미로워할 만한 내용을 포함시켜야 한다. 주제와 관련되면서 학생의 흥미를 불러일으킬 만한 내용을 찾아보자.

'불량 식품'을 예로 들면 학생의 입장에서 흥미로워할 내용을 상상해 볼 수 있다. '내가 좋아하는 간식, 학교 앞 먹거리 중 내가 제일 좋아하는 것, 건강에 안 좋은 음식은 왜 맛이 좋을까?'라는 질문은 학생들이 프로젝트 수업에 흥미를 갖기에 매우 좋은 소재라 할 수 있다.

> **알고 싶은 것, 흥미로운 것**
> **(Want to know)**
>
> - 내가 좋아하는 간식
> - 학교 앞 먹거리 BEST 5
> - 건강에 안 좋은 음식은 왜 맛이 좋을까?

학습 자원 작성하기

학습 자원이란 프로젝트에 대한 정보를 얻을 수 있는 다양한 정보의 근원을 의미한다. 학습 자원의 종류에는 책, 인터넷, 자원 인사, 현장 학습이 있다. 학습 자원을 다양하게 확보하면 프로젝트 계획에 필요한 양질의 정보를 얻을 수 있다.

먼저 좋은 정보를 얻을 수 있는 사이트 주소와 책의 목록을 찾아서 정리하자. 인터넷을 활용하면 관련 정보를 쉽게 찾을 수 있지만 깊이 있는 정보를 얻기는 힘들다. 반면 책은 찾기는 어렵지만 일단 좋은 책을 찾기만 하면 프로젝트 수업의 뼈대를 구성하는 핵심적인 정보를 얻을 수 있다. '친구' 프로젝트를 할 때 《어린이를 위한 친구 관계의 기술》이라는 책을 찾았다. 이 책의 내용을 활용해 '친구에게 다가가기 - 친구와 우정 유지하기' 활동을 중심으로 프로젝트의 기본적인 흐름을 잡을 수 있었다.

자원 인사란 주제와 관련된 곳에서 일하는 시민 단체나 사회적 기업, 구청의 직원이나 학부모, 전문가 등 프로젝트를 도와줄 수 있는 사람을 말한다. 현장 학습이란 학습을 위해 방문 가능한 장소를 의미한다. 활용 가능한 자원 인사와 현장 학습 목록을 충분히 확보하면 활동 계획 시 '사람과 현장 연결하기'(107쪽)에서 유용하게 활용할 수 있다.

'불량 식품'이 프로젝트의 주제일 경우 학습 자원을 다음과 같이 작성할 수 있다.

불량 식품 프로젝트의 학습 자원

	학습 자원(도서, 사이트, 자원 인사, 체험 학습)
도서	- 딱 걸렸어 마시멜로 출동! - 불량 식품 순찰대 음식을 처방해 드립니다.
인터넷	- 식품 안전나라 (www.foodsafetykorea.go.kr) - 식품 안전정보원 (www.foodinfo.or.kr/main.do)
자원 인사	- 생협 수업 전문가 - 스포츠 음료 만들기 초청 수업 - 식품 첨가물 알아보기 초청 수업
현장 학습	- 학교 주변 식품 판매점 - 주변 생협 매장

학습 활동 작성하기

학습 활동이란 수업 시간에 학생들과 함께 내용을 탐구하기 위해 벌이는 활동을 의미한다. 활동에는 정보를 파악하고 얻는 '정보 입수 활동'과 얻은 정보를 적절한 형태로 표현하는 '정보 표현 활동'이 있다.

학습 활동 예시

구분	내용
정보 입수 활동	☐ 관찰 ☐ 면담 ☐ 온라인-편지 인터뷰 ☐ 설문 ☐ 실험 ☐ 시뮬레이션 ☐ 인터넷 검색 ☐ 강의 듣기 ☐ 현장 학습 ☐ 글 읽기 ☐ 영상 보기
정보 표현 활동	☐ 요약 및 정리하기 ☐ 아이디어 내기 ☐ 말로 표현하기 ☐ 글로 쓰기 ☐ 그림 그리기 ☐ 만들기 ☐ 음악으로 표현하기 ☐ 몸으로 표현하기 ☐ 표현 바꾸기 ☐ 토의, 토론하기 ☐ 중간발표 및 개선하기 ☐ 발표 준비하기

위의 목록을 참고하여 다양한 학습 활동을 떠올려 보자.

'불량 식품'이 프로젝트의 주제일 경우 학습 활동으로는 '관찰'을 통해 '식품 전단지를 활용하여 식품 분류하기', '봉지와 포장지에 적힌 식품 첨가물 알아보기' 등의 활동을 떠올려 볼 수 있다. 분류한 식품을 '미술로 표현하기' 활동을 통해 콜라주로 표현해 볼 수 있다.

불량 식품 프로젝트의 학습 활동

학습 활동	– 마트 전단지로 식품 분류하여 콜라주로 표현하기 　분류 기준 : 내 몸에 좋은 것, 안 좋은 것 – 봉지와 포장지 가져와 식품 첨가물 알아보기 – 바나나 우유 만들기를 통해 식품 첨가물 이용 실태 알아보기 – 간식 선택해 보기 　내가 선택한 간식에는 식품 첨가물이 얼마나 들었을까?

이렇게 학습 내용, 학습 자원 및 활동을 작성해 한데 모은 것을 프로젝트 가이드맵 초안이라 한다. 초안 작성 후 학습 자원을 활용하여 알게 된 내용을 지속적으로 축적해 나가며 프로젝트 가이드맵을 수정 보완해야 한다.

활동 방법을 설명한 용어가 학생들에게 어렵게 느껴질 경우 교사가 방법을 하나하나 안내하며 학생이 이해할 수 있는 언어로 명칭을 바꾸어 주어야 한다.

관찰 : 사물이나 현상을 주의하여 자세히 살펴보는 것
면담 : 서로 만나 질문하고 답변을 받는 것
온라인 – 편지 인터뷰 : 직접 만나지 않고 인터넷을 이용한 화상 통화나 메일을 통하여 질문을 주고받는 것
설문 : 조사를 하거나 통계 자료 따위를 얻기 위하여 어떤 주제에 대하여 문제를 내어 물음
실험 : 실제로 해 보는 것, 과학에서 이론이나 현상을 관찰하고 측정하는 것
검색 : 인터넷을 활용하여 목적에 따라 필요한 자료를 찾아내는 일
자료 변환 : 글, 그림, 표 등의 표현 형태를 알아보기 쉽도록 서로 바꾸는 것

| 실습 미션 | 주제 선정 및 프로젝트 가이드맵 작성 따라하기 |

교사용 계획서를 따라하면 혼자서도 쉽게 프로젝트 주제를 떠올리고 가이드맵을 작성할 수 있다. 다음의 순서대로 따라해 보자.

준비물 타이머, 교사용 계획서(306쪽 부록, 인터넷 사람과교육연구소에서 다운로드 가능), 과목별 지도서나 성취 기준 모음

01 주제 떠올리기

먼저 교사용 계획서 양식 '1. 주제 나열'의 각 항목에 주제를 최대한 많이 작성해 보자. 주제는 질 보다는 양이 더 중요하다.

타이머를 활용하면 짧은 시간에 더 많은 아이디어를 떠올릴 수 있다. 준비가 되었다면 타이머를 5분에 맞추자. 그리고 프로젝트 주제를 최대한 많이 적어보자. 그럼, 지금부터 시작!

	조사	창조	문제 해결	탐구
1. 주제 나열				
	가르치고 싶은 것	최근 화제	학생 흥미, 필요	성취 기준

다양한 주제를 떠올렸는가? 시간이 부족하다면 3분의 추가 시간을 줄 수 있다.

이제 하나의 주제를 선택할 시간이다. 이번에 진행하고 싶은 프로젝트 주제를 정하고 아래에 작성하라.

프로젝트 주제 (　　　　　　　　　　　　　　　　　　　　　)

02 프로젝트 가이드맵 작성하기

주제를 정했다면 이제 그에 맞는 학습 내용과 학습 자원 및 활동을 아래의 양식에 작성해 보자. 이번에도 질보다 양이 중요하다. 컴퓨터나 핸드폰을 켜고 자료 조사할 준비를 하자. 자신이 이미 알고 있는 내용을 먼저 작성하고 조사를 통해 알게 된 내용을 추가로 조성하면 된다.

이번에는 타이머를 15분에 맞추어라. 15분 안에 최대한 많은 내용을 작성하자. 지금부터 시작!

	꼭 알아야 할 것 (Need to know)	알고 싶은 것, 흥미로운 것 (Want to know)
2. 학습 내용		

	자원 (도서, 사이트, 자원 인사, 체험 학습)		활동
3. 학습 활동	도서		
	인터넷		
	자원 인사		
	현장 학습		

미션 완수를 축하합니다!!

자신이 편한 방식으로 프로젝트 가이드맵 작성하기

프로젝트 가이드맵은 표, 마인드맵, 비주얼씽킹 등 자신이 선호하는 방식으로 다양하게 작성할 수 있다.

교사용 계획서의 표에 작성한 프로젝트 가이드맵

	꼭 알아야 할 것 (Need to know)		알고 싶은 것, 흥미로운 것 (Want to know)
학습 내용	– 불량 식품의 나쁜 점 – 식품 첨가물의 영향 및 종류 – 건강에 좋은 식품		– 내가 좋아하는 간식 – 학교 앞 먹거리 BEST 5 – 건강에 안 좋은 음식은 왜 맛이 좋을까?
	자원 (도서, 사이트, 자원 인사, 체험 학습)		활동

학습
자원
및
활동
	도서	– 딱 걸렸어 마시멜로 출동!
		– 불량 식품 순찰대 음식을
		  처방해 드립니다.
			– 마트 전단지로 식품 분류
			  하여 콜라주로 표현하기
			  분류 기준 : 내 몸에 좋은 것,
			  안 좋은 것
			– 봉지와 포장 용지 가져와
			  식품 첨가물 알아보기
			– 바나나 우유 만들기를 통해
			  식품 첨가물 이용 실태 알아
			  보기
			– 간식 선택해 보기
			  내가 선택한 간식에는 식품
			  첨가물이 얼마나 들었을까?

	인터넷	– 식품 안전나라
		  (www.foodsafetykorea.go.kr)
		– 식품 안전정보원
		  (www.foodinfo.or.kr/main.do)	

	자원 인사	– 생협 수업 전문가 – 스포츠 음료 만들기 초청 수업 – 식품 첨가물 알아보기 초청 수업	
	현장 학습	– 학교 주변 식품 판매점 – 주변 생협 매장	

마인드맵 형태로 만든 가이드맵

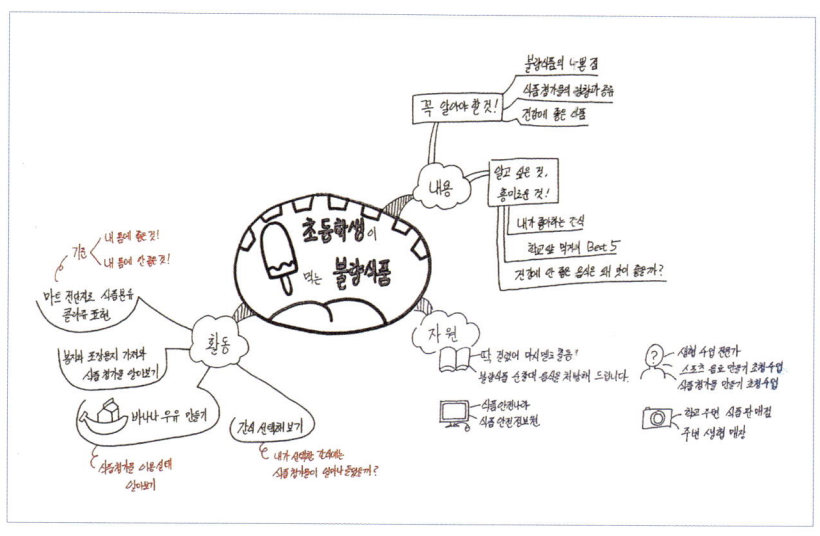

셀프 체크

아래의 체크리스트를 활용해 가이드맵 작성에 대해 스스로 점검해 보세요. 완수했다면 '교사용 체크리스트'의 □에 ∨표시를 해 주세요.

가이드맵 작성하기

□ 다양한 경로를 통해 지속적이고 충분한 자료 조사가 이루어지는가?
　　(성취 기준, 교과서, 인터넷, 도서, 전문가 등)
□ 선별한 학습 자원을 학생들에게도 안내할 준비를 하는가?
□ 성취 기준을 만족하는 내용을 포함하는가? (핵심 내용)
□ 학생의 흥미를 끌만한 내용을 포함하는가?
□ 꾸준히 가이드맵의 내용을 보완하는가?

3 탐구 질문 작성하기

프로젝트의 방향을 잡아주는
탐구 질문 작성하기

나침반이 없던 시대에 항해사들은 무엇을 보고 항해를 했을까? 바로 북극성이다. 항해사들에게 북극성은 나침반 대신 항로를 알려주는 길잡이 역할을 한다. 프로젝트 수업에서도 어떤 방향으로 프로젝트가 나아가야 할지 알려주는 길잡이가 있다. 바로 탐구 질문이다. 탐구 질문은 프로젝트의 핵심 목표를 질문의 형태로 만든 것이다.

'주제에 대한 관점 설정이 좋은 프로젝트 수업을 만든다.'

프로젝트 수업은 특정한 관점으로 방향을 잡아야 깊이 있는 탐구를 할 수 있다. 관점 설정이 중요한 이유이다. 관점을 설정하려면 주제의 하위 개념을 살펴보고 범위가 적절한지 점검한 후 좋은 탐구 질문의 요건에 맞추어 탐구 질문을 작성하면 된다.

> **관점 설정 방법 = 주제의 하위 개념 분석 + 좋은 탐구 질문의 요건 6 적용하기**

주제의 하위 개념 분석하기

주제의 하위 개념을 살펴보면 탐구하기에 적절한 주제의 범위를 파악할 수 있다.

'자존감'이 프로젝트의 주제일 경우 그 하위 개념을 살펴보자. 자존감은 자기 효능감(self-efficacy)과 자기 존중(self-respect)이라는 두 가지 개념으로 구성된다.[5] '자기 효능감'이란 성공 경험을 통해 생기는 자신감을 의미한다. '자기 존중'은 자신이 가치 있다고 스스로 느끼는 것이다. '자기 효능감'이나 '자기 존중'은 각각 하나의 프로젝트로 만들어도 될 만큼 큰 주제이다. 따라서 '자기 효능감'이나 '자기 존중' 중 어느 한 가지에 초점을 맞추어 프로젝트를 진행하는 것이 좋다.

'안전한 먹거리'가 주제일 경우 관련된 하위 개념은 '유전자 조작 식품, 불량 식품, 식품 첨가물' 등이다. 만일 '안전한 먹거리'로 프로젝트를 진행할 경우 주제의 범위가 너무 넓어서 학습에 대한 부담을 느낄 수 있다. 따라서 안전한 먹거리의 하위 개념 중 하나인 '불량 식품' 관련 내용으로 하나의 프로젝트를 만드는 것이 좋다.

---

5   너새니얼 브랜든 저, 김세진 역 (2015), 자존감의 여섯 기둥. 교양인

좋은 탐구 질문의 요건 6

좋은 탐구 질문을 만들기 위해서는 다음의 요건을 갖추어야 한다.

좋은 탐구 질문 요건 6

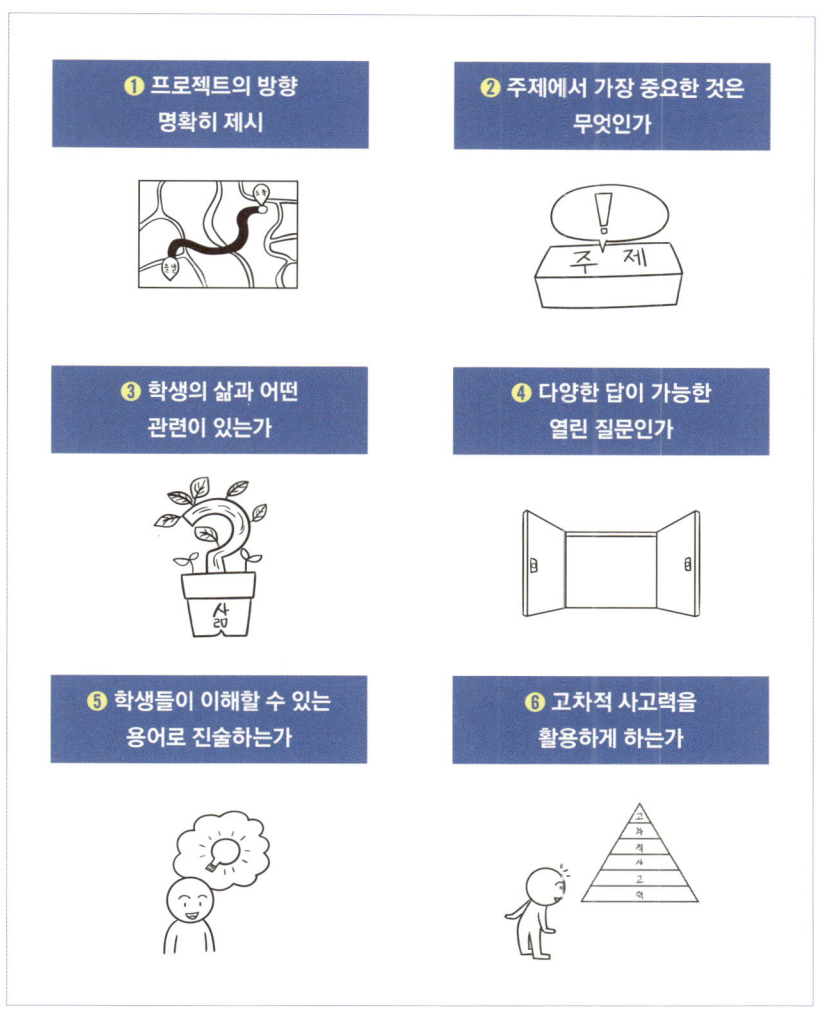

탐구 질문을 작성하고 점검할 때 위의 '좋은 탐구 질문의 요건 6'을 활용할 수 있다. 다음 탐구 질문의 예를 살펴보면 좋은 탐구 질문의 요건이 왜 중요한지 알 수 있다.

탐구 질문의 예

좋은 탐구 질문을 위한 요건	처음 작성한 탐구 질문	수정한 탐구 질문
1. 프로젝트의 방향을 명확하게 제시하는가?	어떻게 하면 학교에서 친구와 즐겁게 지낼 수 있을까?	친구와 사이좋게 지내려면 어떻게 말해야 할까?
2. 왜 가르쳐야 하는가? 3. 학생의 삶과 어떤 관련이 있는가?	배추 흰나비를 기르며 관찰일지를 쓰려면 어떻게 해야 할까?	배추 흰나비를 기르며 생명의 소중함을 느끼기 위한 동화를 만들려면 어떻게 해야 할까?
4. 다양한 답이 가능한 열린 질문인가?	내가 좋아하는 것과 잘 하는 것은 무엇일까?	나 설명서를 쓰기 위해 무엇을 알아야 할까?

1번의 '프로젝트의 방향을 명확하게 제시하는가?' 항목의 탐구 질문을 살펴보자. 처음 작성한 탐구 질문에서는 친구와 즐겁게 지내기 위한 다양한 생각이 나올 수 있다. 하지만 학생들에게 이 질문을 던질 경우 무엇을 탐구해야 할지 막연해 할 수 있다. 수정한 탐구 질문은 사이좋게 지내기 위해 '말하는 방법'에 초점을 두었다. 방향이 구체적으로 설정되어 학생들이 보다 쉽게 탐구할 수 있도록 안내하고 있다.

'2. 왜 가르쳐야 하는가?, 3. 학생의 삶과 어떤 관련이 있는가?' 항목을 살펴보자. 이 프로젝트는 과학 교과의 배추 흰나비의 한살이 일지를 써서 관찰하는 내용이다. 처음의 탐구 질문은 배추 흰나비 한살이를 관찰하고 관찰일지를 잘 쓰는데 주안점이 있다. 수정한 탐구 질문은 생명의 소중함을 느끼는 것에 초점이 맞추어져 있다. 즉 학생이 동물의 한살이를 배움으로써 학생이 느낀 생명의 소중함을 동화로 표현하도록 조정한 것이다.

4번의 '다양한 답이 가능한 열린 질문인가?' 항목을 살펴보자. 처음 작성한 탐구 질문은 내가 좋아하는 것과 잘하는 것을 작성하고 나면 물음에 대한 답이 끝나버린다. 더 나아가려면 추가 질문이 필요하다. 반면 수정한 탐구 질문은 '나 설명서'를 쓰도록 하고 있다. '나 설명서'를 쓰기 위해서는 나 설명서에 들어가는 항목부터 생각해야 한다. 그 항목은 작성하는 사람마다 달라 다양한 답변이 나올 수 있다.

완성한 탐구 질문을 학생들에게 제시할 때는 학생이 이해 가능한 용어로 진술해야 한다. 왜냐하면 탐구 질문에 대한 답변을 학생이 해야 하기 때문이다.

고차적 사고력을 활용할 수 있도록 탐구 질문을 작성하는 방법은 아래의 '탐구 질문 만들기'에서 다룬다.

양식 활용하여 탐구 질문 만들기

탐구 질문 만들기는 프로젝트의 방향을 결정하는 가장 중요한 작업이다. 따라서 시간과 노력을 많이 들일수록 더 좋은 탐구 질문을 만들 수 있다.

탐구 질문을 쉽게 만들기 위해 탐구 질문 작성 양식을 활용할 수 있다. 먼저 프로젝트의 목표와 핵심 내용을 떠올려 보자. 그리고 그것을 이루기 위해 학생이 수행해야 할 방법이나 이유를 작성한다. 다음으로 '~해야 할까?' '~일까'와 같은 서술어를 덧붙인다.

탐구 질문 작성 양식

목표, 핵심 내용	해야 할 일, 행동		서술어
~을	~하려면	+	~해야 할까? ~일까?

탐구 질문 작성 양식을 활용한 탐구 질문의 예시는 다음과 같다.

프로젝트 유형별 탐구 질문의 예시

프로젝트 유형	목표, 핵심 내용	해야 할 일, 행동	서술어
문제 해결 프로젝트	노숙인에 대한 인식을	개선하고 이를 알리려면	어떻게 해야 할까?
	유튜버 언어 사용 따라 하기의 심각성을	알리려면	
	우리 반에서 일어나는 문제를 민주적으로	해결하려면	
	일상 생활의 편견, 차별을	해결하려면	
창조 프로젝트	문화재 해설사가 되어 경복궁을	해설하려면	
	태양계를 익히기 위해	교실에 태양계를 만들려면	
	세계 여러 나라를 주제로	보드게임을 만들려면	
	나를 이해하기 위해 나 설명서를	만들려면	
조사 및 탐구 프로젝트	건강한 감정을	표현하려면	
	시와 친숙해져 나만의 시를	쓰려면	
	우리 지역 문화유산의 소중함을	알리려면	

탐구 질문의 '해야 할 일, 행동'에 블룸의 교육 목표 분류 동사 활용하기

블룸의 개정된 교육 목표 분류(Bloom's Revised Taxonomy)를 살펴보면 인지 과정을 '기억하기 → 이해하기 → 적용하기 → 분석하기 → 평가하기 → 창조하기'의 여섯 단계로 구분하고 있다. 그 인지 과정에는 하위 인지 과정들이 존재한다. 예를 들면 창조하기의 하위 인지 과정은 '설계하다, 계획하다, 만들다, 발명하다'이다. 이를 바탕으로 탐구 질문에 활용 가능한 동사를 추출했다.

블룸의 개정된 교육 목표 분류

고차적 사고력 (Higher Order Thinking Skills)		탐구 질문에 활용 가능한 동사
창조하기 (Creating)	설계하다(Design) 계획하다(Plan) 만들다(Make) 발명하다(Invent)	작성하다 설계하다(디자인하다) 계획하다 쓰다 만들다 해결하다 개발하다(발명하다) 일반화하다 개선하다
평가하기 (Evaluating)	오류나 모순 및 비일관성을 찾다(Check) 비평하다(Critique) 판단하다(Judge)	평가하다 오류, 모순을 찾아내다 비판하다
분석하기 (Analysing)	중요한 내용을 변별하다(compare) 관련된 요소를 연결하다(Struct) 의도, 관점, 편견, 가치를 파악하다 (Deconstruct)	변별하다 연결하다 의도, 편견을 파악하다 분석하다

적용하기 (Applying)	절차나 기능을 실행하다 (implement, Carry out)	적용하다 실행하다
이해하기 (Under- standing)	해석하다, 다른 표현으로 바꾸다 (Interpret) 예시나 근거를 들다.(Exemplify) 요약하다(Summarisie) 예에서 개념이나 원리 찾아내다.(Infer) 유사점과 차이점을 찾아내다.(compare) 인과 관계를 설명하다.(Explain)	설명하다 해석하다 해설하다 예를 들다 근거를 들다 도식화하다 개념, 원리를 찾아내다 밝히다 비교하다 대조하다 인과 관계를 밝히다
기억하기 (Remem- bering)	회상하다(Recognise) 검색하다(Retrieve)* 조사하다(Identify)	검색하다 조사하다

저차원적 사고력(Lower Order Thinking Skills)

※ Lorin W. Anderson외, 교육과정 수업 평가를 위한 새로운 분류학, 아카데미 프레스, 2005
 * 검색하기와 조사하기는 블룸의 디지털 텍사노미에서 추가함.

 이 중 '기억하기'는 학습 내용의 회상과 관련이 있고, 나머지 '이해하기 → 적용하기 → 분석하기 → 평가하기 → 창조하기'는 하나의 맥락에서 이해한 것을 다른 맥락으로 적용하거나 응용할 수 있는 능력을 의미하는 '전이'와 관련이 있다. 따라서 '창조하기'에 가까워질수록 고차적 사고력을 활용하게 된다.
 전이와 관련된 인지 과정의 다섯 단계(이해, 적용, 분석, 평가, 창조)에 해당하는 동사를 탐구 질문 작성에 활용할 수 있다.

탐구 질문의 '해야 할 일, 행동'에 활용 가능한 동사

이해하기	적용하기	분석하기	평가하기	창조하기
설명하다 해석하다 해설하다 예를 들다 근거를 들다 도식화하다 개념, 원리를 찾아내다 밝히다 비교하다 대조하다 인과 관계를 밝히다	적용하다 실행하다	변별하다 연결하다 의도, 편견을 파악하다 분석하다	평가하다 오류, 모순을 찾아내다 비판하다	작성하다 설계하다 디자인하다 계획하다 쓰다 만들다 해결하다 개발하다 발명하다 일반화하다 개선하다

　친구 프로젝트의 경우 해야 할 일과 행동으로 '창조하기'에 해당하는 '작성하다'를 활용했다.

친구 프로젝트의 탐구 질문 친구와 친해지고 우정을 유지하는 방법을 담은 친구 설명서를 작성하려면(창조) 어떻게 해야 할까?

　문화재 해설사 프로젝트의 경우 '이해하기'에 해당하는 '해설하기'를 활용했다. 문화재 해설을 하려면 이를 위한 대본을 작성해야 하므로 '창조하기'에 해당하는 대본 '쓰기'와도 관련이 있다.

문화재 해설사 프로젝트의 탐구 질문 문화재 해설사가 되어 경복궁을 해설하려면(이해) 어떻게 해야 할까?

노숙인 돕기 프로젝트의 경우 '창조하기'에 해당하는 '개선하다'를 활용했다.

노숙인 돕기 프로젝트의 탐구 질문 노숙인에 대한 인식을 개선하고(창조) 이를 알리려면 어떻게 해야 할까?

최종 결과물을 탐구 질문에 선택하여 넣기

최종 결과물이란 학생들이 프로젝트 수업의 결론을 발표할 때 학습 과정과 결과를 종합하여 최종적으로 만들어 낸 결과물을 의미한다. 학습의 결과로 만들어 낸 책이나 영상, 프레젠테이션 자료, 행사 자체가 최종 결과물이 될 수 있다.

탐구 질문은 핵심 목표에 최종 결과물을 더해서 만들 수 있다. 탐구 질문에는 핵심 목표가 꼭 포함되어야 한다. 그러나 최종 결과물은 탐구 질문에 들어갈 수도 있고, 그렇지 않을 수도 있다.

> 탐구 질문 = 핵심 목표(필수) + 최종 결과물(선택)

최종 결과물이 포함된 탐구 질문

최종 결과물을 탐구 질문에 포함시킬 경우 결과를 먼저 생각하며 프로젝트 수업을 수행하게 되므로 목표를 일관되게 유지할 수 있다. 또한 수업 과정에서 자연스럽게 만들어지는 산출물을 활용해 최종 결과물을 만들 수 있다. 그렇지 않으면 최종 결과물을 만들기 위해 또 새로운 작업을 해야 해서 학생들이 지칠 수 있다.

최종 결과물이 포함된 탐구 질문 예시

핵심 목표	최종 결과물	최종 결과물이 포함된 탐구 질문
우리 고장의 실제 모습을 백지도에 나타내어 고장 홍보자료를 만들 수 있다.	홍보 자료	우리 고장의 실제 모습을 알릴 수 있는 홍보 자료를 어떻게 만들 수 있을까?

최종 결과물이 포함되지 않은 탐구 질문

최종 결과물을 교사가 미리 선정하되 탐구 질문에는 포함시키지 않을 수 있다. 학생들에게 봄에 볼 수 있는 동물 중 올챙이의 성장 앨범을 만들게 할 수도 있다. 하지만 성장 앨범을 만드는 작업이 쉽지 않고 학생들이 부담스러워 할 수 있을 것 같아 탐구 질문에서는 제외했다.

학습 활동 과정에서 학생들과 상의해 최종 결과물을 결정할 수 있다. 단, 학생이 프로젝트 수업의 절차와 학습 방법에 익숙해 졌을 때 하는 것이 좋다.

최종 결과물이 포함되지 않은 탐구 질문 예시

핵심 목표	최종 결과물	최종 결과물이 포함되지 않은 탐구 질문
봄에 볼 수 있는 동물을 소중히 여기고 보살핀다.	올챙이 성장 앨범	올챙이를 키우기 위해 우리는 무엇을 할 수 있을까?

4 활동 설계하기

배움과 참여를 높이는
활동 설계하기

이제 프로젝트 활동을 설계할 차례이다. 활동을 설계할 때에는 보통 즐거운 활동 아이디어를 먼저 떠올린다. 이럴 경우 활동에 따라 학습 내용이 구성되는 경우가 많다. 하지만 '활동'은 내용을 학습하는 방법이다. 방법에 맞추어 학습 내용이 배열되면 학습 목표에 맞는 흐름을 갖기보다 활동 자체에 초점이 맞추어져 학습 목표를 달성하기 어려워질 수 있다. 따라서 프로젝트 활동을 설계할 때에는 내용의 흐름을 먼저 설정한 후에 활동을 구상하는 것이 좋다.

학습 내용의 흐름을 잡은 후에는 기초적인 지식을 학습하는 필수 활동과 고차적 사고력을 활용하도록 하는 심화 활동을 설계한다.

구성주의 이론에 따르면 실세계의 과제를 해결할 때 의미 있는 학습이 일어난다. 그러므로 실제 삶의 현장에서 벌어지는 맥락에 따라 학습이 이루어져야 한다. 주제와 관련된 직업 전문가와 만남을 통해 학습을 진행하거나 주제와 관련이 있는 현장을 방문하여 학습하면 학습에 사람과 현장을 연결할 수 있다. 필수 활동과 심화 활동을 구상할 때 활동에 사람과 현장을 연결하도록 해야 한다.

마지막으로 학생들의 학습 결과를 어떠한 방식으로 발표할지 결정하고 과정 중심 평가를 준비하면 프로젝트 계획이 마무리된다.

프로젝트 활동 설계 순서를 정리해 보면 다음과 같다.

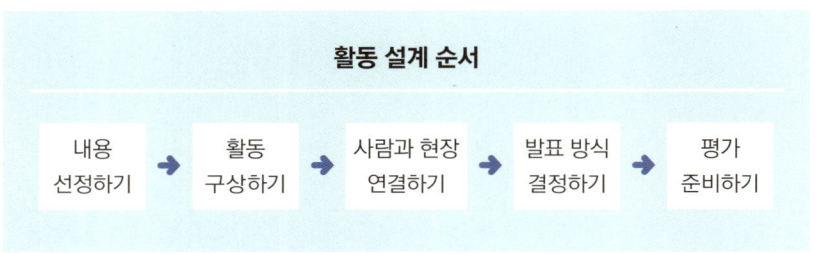

내용 선정하기

탐구 질문 작성을 통해 프로젝트의 명확한 목표를 정했다. 이제 그에 적합한 내용을 선정할 차례이다. 내용을 선정할 때에는 앞서 작성한 프로젝트 가이드맵을 활용한다. 프로젝트 가이드맵에는 최대한 많은 내용을 작성했기 때문에 탐구 질문과 관련한 내용도 있지만 그렇지 않은 내용도 있을 수 있다. 탐구 질문을 해결하기에 적합한 내용을 학습 내용으로 선정하고 관련 없는 것일 경우 과감하게 빼야 한다. 그래야 프로젝트가 일관된 흐름을 갖게 된다.

내용 선정하기를 진행할 때에는 탐구 질문 해결에 필요한 내용을 먼저 선정한 다음 학습할 순서를 정한다.

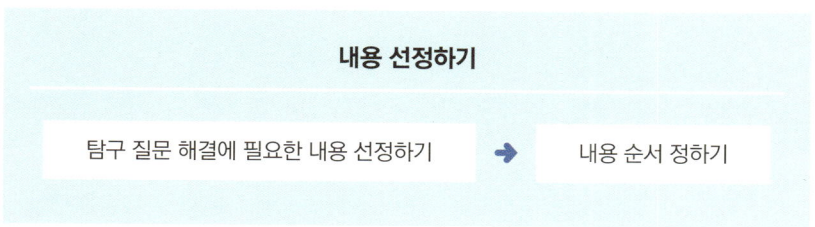

'유튜버 프로젝트'의 프로젝트 가이드맵에 작성된 꼭 알아야 할 내용

- 유튜버는 왜 자극적으로 말할까?
- 유명 유튜버 순위는 어떻게 될까?
- 유튜브에는 어떤 콘텐츠들이 있을까?
- 어떤 유튜버가 유명할까?
- **유튜버가 사용하는 언어에는 어떤 것들이 있을까?**
- **유튜버의 언어를 따라할 때 어떤 문제를 불러올까?**
- 어른과 어린이 중 누구에게 더 심각한 영향을 미칠까?
- **올바른 언어 사용이란 무엇일까?**
- **나의 의견을 효과적으로 주장하는 방법은?**
- **영상을 만드는 방법은?**
- 유튜버들은 어떻게 돈을 벌까?
- 좋은 유튜버란?

이번에는 양보다 질이 중요하다. 많은 내용 중 탐구 질문을 해결하기에 적합한 내용을 선정해야 한다. 탐구 질문을 분석하면 내용 선정에 필요한 기준을 더 명확하게 할 수 있다.

유튜버 프로젝트의 탐구 질문은 '유튜버 사용 언어 따라 하기의 심각성을 알리는 영상을 어떻게 만들 수 있을까?'이다. 탐구 질문을 분석해 보면 '유튜버 사용 언어', '유튜버 사용 언어 따라 하기 실태 및 심각성', '영상 만들기'라는 중요한 내용을 뽑아낼 수 있다.

좋은 내용을 선정하기 위한 기준

탐구 질문	탐구 질문 분석 내용
유튜버 사용 언어 따라 하기의 심각성을 ① ② 알리는 영상을 어떻게 만들 수 있을까? ③	① 유튜버 사용 언어 ② 유튜버 사용 언어 따라 하기 실태 및 심각성 ③ 영상 만들기

탐구 질문을 기준으로 프로젝트 가이드맵의 내용에서 중요한 내용을 다음과 같이 선정했다.

탐구 질문을 기준으로 뽑은 중요한 내용

- 유튜버 사용 언어 따라 하기가 왜 문제일까?
- 유튜브에서 올바른 언어 사용이란?
- 영상을 만드는 방법은?
- 유튜버가 사용하는 언어에는 어떤 것들이 있을까?
- 나의 의견을 효과적으로 주장하는 방법은?

가이드맵의 내용 중 '유명 유튜버 순위는 어떻게 될까?'와 같이 탐구 질문과 관련 없는 내용은 **빼는** 것이 좋다.

내용 순서 정하기

중요한 내용을 선정하고 나면 이를 학습할 순서를 정해야 한다. 유튜버 프로젝트의 경우 '유튜버 사용 언어 따라 하기의 심각성'을 알아야 영상을 만들 수 있다. 따라서 '유튜버가 사용하는 언어에는 어떤 것들이 있을까?', '유튜버 사용 언어 따라 하기가 왜 문제일까?'에 대해 먼저 탐색해야 한다. 문제점을 알았으면 올바른 방법을 알아보는 것이 이치에 맞다. 따라서 '유튜브에서 올바른 언어 사용이란?' 무엇인지에 대해 알아본다. 올바른 방법을 알고 난 후에는 이를 알리는 영상을 제작해야 한다. 목적은 알리는 것이고 알리는 방법으로 영상을 활용하는 것이다. 따라서 주장하는 방법과 영상 제작 방법을 알아야 한다. 제기된 질문 중 '나의 의견을 효과적으로 주장하는 방법은?'과 '영상을 만드는 방법은?'에 대한 내용을 학습해야 한다. 내용의 순서를 정리하면 다음과 같다.

중요한 내용의 순서 정하기

① 유튜버가 사용하는 언어에는 어떤 것들이 있을까?
② 유튜버 사용 언어 따라 하기가 왜 문제일까?
③ 유튜브에서 올바른 언어 사용이란?
④ 나의 의견을 효과적으로 주장하는 방법은?
⑤ 영상을 만드는 방법은?

내용의 순서를 정하고 나면 프로젝트의 일목요연한 흐름이 잡힌다. 이때 꼭 알아야 할 내용 사이에 학생들이 궁금해 하거나 관심가질 내용을 추가하면 학생들의 흥미를 끌 수 있어 좋다.

활동 구상하기

내용을 선정하여 학습의 흐름을 잡았다. 이제 각각의 내용에 맞추어 활동을 구상해야 한다. 학습 활동을 구상할 때에는 다음의 순서를 따른다.

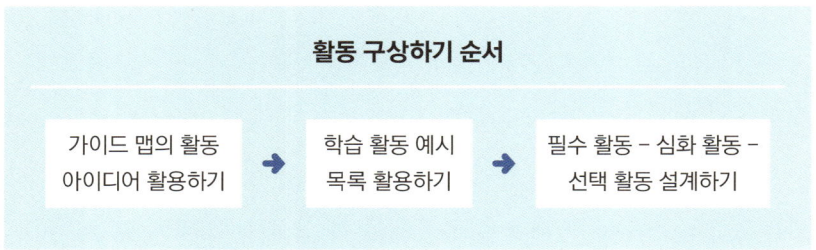

가이드맵과 학습 활동 예시 목록 활용하기

먼저 프로젝트 가이드맵에서 떠올린 활동 아이디어 중 적절한 것을 각각의 내용에 연결한다. 다음으로 학습 활동 예시 목록(74쪽 참고)을 참고하여 각 내용에 맞는 활동을 연결한다.

필수 – 심화 활동이란

수업 초반부터 팀별 학습이 이루어질 경우 학생들이 꼭 배워야 할 기본적인 지식을 습득하지 못할 가능성이 높다. 팀별로 과제가 주어지므로 개별 학습자의 학습 결과를 교사가 파악하기 어렵고 팀원 중 어느 한 명이 주도적으로 학습을 이끌어 팀원 모두에게 배움이 일어나지 않을 가능성이 높기 때문이다. 이를 예방하기 위해 학급 전체가 먼저 필수적인 지식을 습득한 후에 팀 활동을 할 수 있도록 해야 한다.

활동은 필수 활동과 심화 활동으로 구분할 수 있다. 필수 활동은 프로젝트 수업 초반에 이루어지며 일반적으로 학급 전체가 함께 학습하게 된다. 필수 활동에 포함될 수 있는 내용은 교육 과정 성취 기준과 관련된 내용, 교과서의 핵심 내용, 학생의 질문 중에서 중요도가 높은 질문, 학생이 직접 조사해서 학습하기 어려운 내용 등이다.

심화 활동은 주로 프로젝트 중·후반에 하며 팀별로 학습한다. 필수 활동을 통해 쌓은 기초 지식을 바탕으로 고차적 사고력을 활용하여 탐구 질문을 해결한다.

필수 활동과 심화 활동 과정에서 학생의 관심사를 반영한 선택 활동을 할 수 있다.

필수 - 심화 활동의 세부 사항

구분	목표	학습 시기	학습 집단	학습 내용
필수 활동	기초 지식 학습	수업 초반	학급 전체	- 배경 지식 - 중요도가 높은 학생의 질문 - 교육 과정 및 교과서의 핵심 내용 - 학생이 직접 조사하기 어려운 내용 등
심화 활동	탐구 질문 해결	수업 중·후반	팀	- 고차적 사고력을 요하는 주제

필수 활동 설계 방법

필수 활동은 질문 제시, 교사 수업, 학생 탐구 과제 제시의 세 단계로 이루어진다.

필수 활동 단계

　필수 활동에 학생을 참여시키기 위해 먼저 학생들이 관심을 가질 만한 질문을 제시한다. 좋은 질문은 학생들이 지식을 받아들이기 전에 생각할 수 있는 기회를 제공하기 때문이다. 다음으로 교사가 강의를 진행한다. 교사 수업 시간에는 일반적인 차시 단위의 수업과 같이 학생들이 꼭 알아야 할 내용을 가르친다. 다음 단계로 학생 탐구 과제를 제시한다. 필수 활동이라고 해서 모든 것을 교사가 가르쳐주면 학생들은 흥미를 잃을 수 있다. 학생의 관심을 끌만한 탐구 과제를 제시해 줌으로써 학습 동기를 유발할 수 있다. 제시된 필수 활동의 진행 순서를 지키는 것은 크게 중요하지 않다. 수업에 어울리도록 적절히 안배하기만 하면 된다.

친구 프로젝트 수업의 필수 활동을 한번 살펴보자. '친구와 친해지려면 어떻게 해야 하는가?'에 대해 학생들에게 먼저 질문했다. 다음으로 교사 수업을 통해 친구와 친해지는 법에 대한 수업을 진행했다. 학생들이 스스로 찾기 어려운 공통점과 차이점, 그리고 친해지는 데에는 사람마다 속도 차이가 난다는 개념의 '우정의 속도'를 강의 주제로 삼았다. 수업 말미에 '친구와 친해지는 자기만의 비법'을 탐구 과제로 제시해 친구들과 친해질 수 있는 구체적인 방법들을 찾아보고 이를 어떻게 실행할지 생각해 보게 했다.

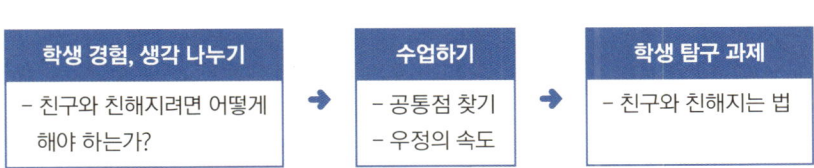

친구 프로젝트의 필수 활동

심화 활동 설계 방법

심화 활동은 고차적 사고력을 활용하도록 설계해야 한다. 심화 활동은 학생이 깊이 있는 사고를 하게 하는데 초점이 있으므로 활동을 구상할 때 학생이 어떤 사고를 하게 할지 생각해야 한다. 이를 돕기 위해 아래의 '활동 및 고차적 사고력 연결 표'를 제시했다.

활동 및 고차적 사고력 연결 표

구분	내용
정보 입수 활동	☐ 관찰 ☐ 면담 ☐ 온라인-편지 인터뷰 ☐ 설문 ☐ 실험 ☐ 시뮬레이션 ☐ 인터넷 검색 ☐ 강의 듣기 ☐ 현장 학습 ☐ 글 읽기 ☐ 영상 보기
고차적 사고력	☐ 분석 및 해석하기 ☐ 분류하기 ☐ 공통점과 차이점 찾기 ☐ 원인-결과 밝히기 ☐ 개념-원리 찾아내기 ☐ 예시나 근거 들기 ☐ 의도, 편견 파악하기 ☐ 관련 요소 연결하기 ☐ 추론하기 ☐ 평가하기 ☐ 오류, 모순 찾기 ☐ 개발하기 ☐ 디자인하기 ☐ 발명하기
정보 표현 활동	☐ 요약 및 정리하기 ☐ 아이디어 내기 ☐ 말로 표현하기 ☐ 글로 쓰기 ☐ 그림 그리기 ☐ 만들기 ☐ 음악으로 표현하기 ☐ 몸으로 표현하기 ☐ 표현 바꾸기 ☐ 토의, 토론하기 ☐ 중간발표 및 개선하기 ☐ 발표 준비하기

심화 활동을 먼저 구상한 후 고차적 사고력을 연결하거나 고차적 사고력을 먼저 정한 후 심화 활동을 구상할 수도 있다.

예를 들면 글을 읽은 후 내용을 요약하는 활동을 하고자 한다. 이때 학생이 고차적 사고력을 활용하여 활동을 하게 하도록 작가의 의도를 파악하게 할 수도 있고 글 속에 작가의 편견이나 오류가 있는지 찾아보게 할 수도 있다. 이처럼 심화 활동을 구상할 때에는 정보를 입수하고 표현하는 과정에서 학생이 어떤 사고 과정을 거치게 할지 판단하여 적용시켜야 한다.

심화 활동 실행 과정

설계한 심화 활동을 실행할 때에는 학생에게 심화 과제로 제시한다. 학생은 제시된 과제를 해결하기 위해 자신의 팀에서 목표를 설정하고 해결책을 논의하며 탐구하고 결과물을 만들어 내게 된다.

심화 활동 진행 순서

팀별 목표 설정하기	– 탐구 질문은 무엇인가? – 심화 과제는 무엇인가? – 만들어야 할 결과물은 무엇인가? – 목표 달성에 필요한 것은 무엇인가?

해결책 논의하기	– 이미 알고 있는 것은 무엇인가? – 더 알아야 할 것은 무엇인가? – 해야 할 일은 무엇인가?

탐구 및 결과물 만들기	– 탐구하기 : 조사 계획하기 – 조사하기 – 조직화하기 – 결과물 만들기 : 결과물 디자인하기 – 결과물 만들기

'팀별 목표 설정하기'는 목표를 분명히 하고, 해야 할 일이 무엇인지 확인하는 단계이다. 탐구 질문과 심화 과제, 만들어야 할 결과물을 확인하고 학생 자신들의 입장에서 목표를 재설정한다. 만들어야 할 결과물이 미리 정해져 있지 않다면 팀끼리 협의하여 결정할 수 있다.

'해결책 논의하기'는 팀끼리 재설정한 목표를 달성하기 위해 필요한 것이 무엇인지 파악하는 단계이다. '이미 알고 있는 것'과 '더 알아야 할 것'이 무엇인지 파악하고 이를 위해 '해야 할 일'이 무엇인지 결정한다.

'탐구 및 결과물 만들기'는 목표 달성을 위해 탐구하여 결과물을 만들어 내는 단계이다. 탐구하기와 결과물 만들기는 다음 장에서 자세히 안내한다. 친구 프로젝트의 심화 활동을 다음과 같이 진행할 수 있다.

친구 프로젝트의 심화 활동 진행

목표 설정하기	탐구 질문은 무엇인가? (친구와 친해지고 우정을 유지하려면 어떻게 해야 할까?) 심화 과제는 무엇인가? (나는 사람들과 어떻게 관계를 맺는가?) 만들어야 할 결과물은 무엇인가? (나의 관계 설명서)

해결책 논의하기	이미 알고 있는 것은 무엇인가? (공통점 파악하기, 우정의 속도) 더 알아야 할 것은 무엇인가? (친구 간에 지켜야 할 것, 내가 사람들과 관계를 맺는 방법, 설명하는 글쓰기 방법 등) 해야 할 일은 무엇인가? (관계 설명서에 들어가야 할 항목 정하기, 친구 간에 지켜야 할 것 조사하기, 설명하는 글쓰기 등)

탐구 및 결과물 만들기	탐구하기	조사 계획하기 – 조사하기 – 조직화하기
	결과물 만들기	결과물 디자인하기 – 결과물 만들기

선택 활동 설계 방법

선택 활동이란 교사가 몇 개의 활동을 제시하고 학생이 그 중 원하는 것을 선택하게 하는 활동이다. 필수 활동이나 심화 활동을 진행할 때 선택 활동을 추가할 수 있다. 선택할 기회를 제공하면 프로젝트 수업에 대한 학생의 흥미와 참여율이 높아진다. 선택 활동을 설계할 때에는 다중 지능 활동, 학생의 질문, 하위 주제를 활용한다.

선택 활동 설계 방법

❶ 다중 지능 활동으로 설계하기

❷ 학생의 질문으로 설계하기

❸ 하위 주제로 설계하기

다중 지능 활동으로 설계하기

하워드 가드너[6]에 따르면 사람에게는 언어 지능, 논리 수학 지능, 신체

---

6 하버드대학교의 인지심리학자 하워드 가드너(Howard Gardner)는 언어와 수학 중심의 전통적인 지능 개념과 다른 새로운 지능 개념인 다중 지능(Multiple Intelligence) 개념을 세상에 내놓았다.

운동 지능, 시각-공간 지능, 음악 지능, 대인 관계 지능, 자기 이해 지능, 자연 탐구 지능의 여덟 가지 지능이 있다고 한다. 각 지능별 활동을 제시하여 학생이 원하는 것을 선택하게 할 수 있다.

예를 들어 책을 읽거나 영화를 본 후 줄거리를 정리하는 활동을 하려 한다. 각 지능에 맞게 다음과 같이 활동을 구성할 수 있다.

음악 지능 : 노래 가사 바꾸기
논리 수학 지능 : 인물-배경-사건을 꺾은선 그래프로 표현하기, 퀴즈 만들기
언어 지능 : 감상문 쓰기
시각-공간 지능 : 6컷 만화 그리기
신체 운동 지능 : 연극하기

학생 질문으로 설계하기
프로젝트 수업을 진행할 때 학생들은 주제에 대해 궁금한 점을 질문으로 작성한다. (질문 나누기 155쪽) 이 중 중요도가 상대적으로 낮은 질문을 모아 학생이 선택하여 탐구하게 할 수 있다.

하위 주제로 설계하기
'전통문화'가 주제일 경우 의생활, 식생활, 주생활과 같은 하위 주제들이 존재한다. 이러한 하위 주제를 제시하고 학생이 탐구하고 싶은 주제를 선택하게 할 수 있다.

사람과 현장 연결하기

필수 활동과 심화 활동을 구상했다면 이번에는 활동을 사람 및 현장과 연결시킬 차례이다. 학생들이 수행하는 과제에 실제 삶의 맥락을 부여해 주자.

사람과의 연결이란

덴마크의 로니 에버겔(Ronni Abergel)은 사람들의 편견과 고정 관념을 깨기 위해 '휴먼 라이브러리(Human Library)'라는 프로그램을 개발했다. 사람 책을 빌리면 종이 책에서 얻을 수 없는 그 사람만의 지식과 경험, 생각을 접할 수 있다.

프로젝트 수업에서도 주제와 관련된 사람과의 만남이 중요하다. 사람과의 만남을 통해 앎이 더 깊어지고 확장될 수 있기 때문이다. 이렇게 프로젝트 수업에서 사람들과 만나며 학습하는 것을 '사람과의 연결'이라 한다.

'사람과의 연결'은 학생의 학습 뿐 아니라 교사의 수업에도 도움이 된다. 교사가 프로젝트 주제와 관련된 분야의 전문적인 지식을 학습하는 데에는 많은 시간과 에너지가 소요된다. 하지만 전문가 초청 수업을 활용하면 전문가의 지식과 경험을 학생들에게 쉽게 전달해 줄 수 있다. '시인 프로젝트' 수업을 할 때 시인을 직접 모셔서 학생들과 함께 강의를 듣고 질의 응답을 했다. 초청 수업이 끝나고 시인에게 시를 쓰는 방법과 시를 읽는 방법, 참고할 수 있는 책을 소개받을 수 있었다. 시인의 조언으로 훨씬 다양하고 재미있는 수업을 진행할 수 있었다.

활동에 사람 연결하기

프로젝트 주제와 관련해서 도움을 받을 수 있는 사람들을 다양하게 떠올려 보자. 주제와 관련한 직업인, 주제를 전문적으로 공부하는 사람, 주제에 관하여 오랫동안 취미 활동을 한 사람, 학교에서 일하는 사람을 떠올려 볼 수 있다.

　예를 들어, 학교나 교실의 공간을 변화시키려 한다면 건축가와 만날 수 있다. 문화재 해설과 관련된 주제를 공부할 경우에는 문화재해설사를 직접 만나볼 수 있다. 학교폭력 예방을 위한 로고를 디자인할 때 디자인을 전공하는 대학생과 만날 수 있다. 사진과 관련한 프로젝트를 진행할 경우에는 사진으로 오랜 취미 활동을 한 학부모를 초청할 수도 있다.

사람과의 연결 예시

주제	직업인	학생	교원 및 학부모
학교폭력 로고 디자인	디자이너	디자인 전공 고등학생, 대학생	미술 선생님 미술 전공 학부모
시인 프로젝트	시인	문학 전공 대학생	도서관 사서 선생님
공간 프로젝트	건축 설계사	건축 전공 학생	인테리어 사업을 하는 학부모

　요즘은 통신의 발달로 직접 만나지 않더라도 다양한 방법으로 사람과 접촉할 수 있다. 사람을 초청하거나 직접 찾아가기 어려울 경우 화상 전화나 메신저, 메시지 등을 활용할 수 있다.

현장과의 연결이란

"왜 여자들만 교육해요?" "남성인력센터는 없나요?"
학생들이 여성인력센터를 방문하여 질문한 내용이다. 학생들이 프로젝트 주제와 관련된 현장에 가면 어떻게 학습할까?

마을 프로젝트를 진행할 때 여성인력센터에 갔다. 학생들은 먼저 여성인력센터의 건물 내부를 둘러보았다. 그 과정에서 그곳을 이용하는 사람들과 교육하는 분들을 보았다. 여성인력센터의 직원이 취업과 관련된 프로그램을 소개해 주고 그곳에서 무슨 일을 하는지 안내해 주었다. 여성인력센터에 대한 리플릿과 자료도 받아서 볼 수 있었다. 학생들은 현장에서 보고 들은 것을 바탕으로 질문을 하기 시작했다. 교실에 앉아 책으로만 배울 때에는 궁금하지 않았을 것들이다. 현장에 와서 보고 들으니 호기심이 생겼다. 호기심은 질문으로 이어지고 질문을 한 즉시 전문가의 답변을 들을 수 있었다. 즉각적인 피드백이 이루어진 것이다.

프로젝트는 실제 삶의 문제를 다룬다. 실제 삶에서 이루어지는 방식으로 학습을 하고 과제를 수행하기 위해서는 실제 현장을 방문하여 관찰하고 질문하는 것이 가장 좋다. 이처럼 프로젝트 수업에서 주제와 관련된 현장을 방문해 학습하는 것을 '현장과의 연결'이라고 한다.

활동에 현장 연결하기

활동을 현장과 연결하기 위해서는 실제 행사나 일이 진행되는 장소,

관련 교육을 하는 장소, 자료를 얻을 수 있는 장소를 방문할 수 있다.

예를 들면 '경복궁 해설사' 프로젝트를 진행할 때에는 경복궁을 방문해서 문화재 해설사가 실제 어떻게 설명하는지 보고 들을 수 있다. 한국전통문화진흥원을 방문해 문화재 해설사 교육이 어떻게 이루어지는지 들을 수도 있다. 전통문화 축제를 기획한다면 실제 축제 장소를 방문하거나 축제를 기획하는 사무실을 방문할 수 있다.

현장과의 연결 예시

주제	연결 가능한 현장
경복궁 해설	경복궁, 한국전통문화진흥원
전통문화 축제	축제 행사장, 축제 기획 사무실
우주	항공우주 박물관, 천문대

발표 방식 결정하기

프로젝트 수업은 발표회로 마무리 짓는다. 발표회를 하기 위해 발표 방식을 결정해야 한다. 발표는 발표회, 전시회, 체험전, 캠페인, 웹 사이트 게재, 청원하기 등의 방식으로 진행할 수 있다.

발표 방식 예시

체험 부스 운영, 홍보 및 캠페인, 모의 재판, 가상 체험, 상품 개발, 프레젠테이션, 포트폴리오 전시, 박물관·미술관 만들기, 제안하기, 나눔 장터 및 모금, 공모전 참여, 게임 만들기, 경연 대회 발표 방식을 정할 때에는 주제와 관련된 전문가가 하는 일과 청중을 고려해야 한다.

주제와 관련된 전문가가 하는 일 고려하기

프로젝트 발표는 삶에서 실제 일어나는 방식으로 진행해야 한다. 이러한 방식이 어려울 경우 가상이더라도 실제 일어나는 것과 비슷한 형식으로 진행할 수 있다. 예를 들어 나만의 우리 마을 책을 최종 결과물로 만들 경우에는 발표 방식을 출판 기념회 형식으로 진행할 수 있다. 노숙인 돕기 제안서를 최종 결과물로 정했을 경우에는 구청의 민원 게시판에 청원하여 결과를 발표하는 형태로 진행할 수 있다.

최종 결과물 발표 방식

최종 결과물	발표 방식
우리 마을 책	출판 기념회
노숙인 돕기 제안서	구청에 청원하기

청중과 그 규모 고려하기

청중이 누구인지, 얼마나 많은 사람에게 발표하는지에 따라 발표 방식도 달라진다. 청중이 될 수 있는 대상은 주제와 관련된 전문가나 권위자, 학부모, 타 학급, 학교 전체가 될 수 있다. 따라서 청중을 먼저 결정한 후 그에 맞는 발표 방식을 선택하고 준비해야 한다.

평가 준비하기

평가를 통해 학습 성취도를 파악하면 학생의 학습을 지원할 수 있다. 이를 위해 학생 평가표를 작성하여 활용한다. 학생 평가표는 교사에게 학생의 성취도를 파악하고 지원하는 기준으로 활용될 뿐 아니라 학생 스스로 자신의 학습 상황을 점검하여 자기 주도적으로 학습하게 하는 데 활용할 수 있다.

학생 평가표 작성하기

학생 평가표는 학생들을 평가할 성취 기준과 프로젝트 계획시 작성한 학습 목표를 활용하여 작성한다. 아래의 평가표 예시를 살펴보자.

표의 왼쪽에 있는 '준거'란 평가를 위한 기준을 말한다. 표의 맨 위쪽의 '프로젝트 수업 목표'에는 프로젝트 디자인을 할 때 작성했던 각 수업의 '학습 목표'를 모두 적는다. 오른쪽의 '학습 태도'에는 기본적

감정의 집 프로젝트 수업 학생 평가표

	프로젝트 수업 목표	학습 태도
준거	1) 감정 단어를 배운 후, 말하고 쓸 수 있다. 2) 감정의 발생 과정을 이해하고 적용할 수 있다. 3) 분노의 감정을 이해하고 마음 신호등을 이용해 일상 생활에서 건강하게 표현할 수 있다. 4) 우울 감정을 이해하고 걱정 인형을 만들고 건강하게 표현할 수 있다. 5) 나를 사랑하는 마음을 기르고 표현할 수 있다. 6) 나만의 감정의 집을 완성하고 소개할 수 있다.	- 참여 - 경청 - 협력

	성취 기준 도달 확인 질문				
준거	자신의 경험에 대한 느낌을 감정 단어 1개 이상 넣어서 글로 표현하고, 감정의 발생 과정을 이해하고 나의 경험에 적용할 수 있는가?	분노의 감정을 이해하고 마음 신호 등을 이용해 학교생활에서 건강하게 표현할 수 있는가?	우울 감정을 이해하고 걱정 인형을 만들어 건강하게 표현할 수 있는가?	나를 사랑하는 마음을 기르고 친구들 앞에서 한 가지 이상 말할 수 있는가?	학생은 자발적으로 참여하고 교사와 친구들의 말을 경청하며 협력하는가?

*이희재 선생님의 감정의 집 프로젝트 평가표

으로 프로젝트에 필요한 태도인 '참여', '경청', '협력'을 미리 작성해 두었다. 교사와 학생이 협의하여 필요한 항목을 추가할 수 있다. 그 아래의 '성취 기준 도달 확인 질문'에는 프로젝트 디자인 시 활용했던 성취 기준을 모두 적는다.

학생 스스로 자신의 학습 상황을 점검하게 하기

학생 평가표의 '성취 기준 도달 확인 질문'을 약간 변경하여 평가 항목으로 만들면 학생 스스로 자신의 학습을 점검하게 하는 평가지로 활용할 수 있다.

예를 들어 성취 기준 도달 확인 질문에 있는 첫 질문을 활용하여 다음과 같이 학생용 평가 문항을 만들 수 있다.

최종 결과물 발표 방식

성취 기준 도달 확인 질문	학생용 평가 문항
자신의 경험에 대한 느낌을 감정 단어 1개 이상 넣어서 글로 표현하고, 감정의 발생 과정을 이해하고 나의 경험에 적용할 수 있는가?	- 자신의 경험을 글로 써 주세요. 단, 감정 단어를 1개 이상 넣어주세요. - 감정의 발생 과정을 적으세요. - 분노의 감정을 적절하게 표현하는 방법을 적으세요. 이를 일상생활에서 적용한 경험이 있다면 써 주세요.

이와 같은 과정을 거쳐 완성한 학생 배포용 평가지는 다음과 같다.

학생 배포용 평가지

프로젝트 수업 목표	학습 태도
1) 감정 단어를 배운 후, 말하고 쓸 수 있다. 2) 감정의 발생 과정을 이해하고 적용할 수 있다. 3) 분노의 감정을 이해하고 마음 신호등을 이용해 일상 생활에서 건강하게 표현할 수 있다. 4) 우울 감정을 이해하고 걱정 인형을 만들고 건강하게 표현할 수 있다. 5) 나를 사랑하는 마음을 기르고 표현할 수 있다. 6) 나만의 감정의 집을 완성하고 소개할 수 있다.	- 참여 - 경청 - 협력

학습 점검하기

- 자신의 경험을 글로 써 주세요. 단, 감정 단어를 1개 이상 넣어주세요.
- 감정의 발생 과정을 적으세요.
- 분노의 감정을 적절하게 표현하는 방법을 적으세요. 이를 일상생활에서 적용한 경험이 있다면 써 주세요.
- 나를 사랑하는 마음에는 무엇이 있나요? 이 중 내가 나를 사랑하기 위해 키우고 싶은 마음을 적고 그 이유를 쓰세요.
- 프로젝트에 자발적으로 참여하고 선생님과 친구들의 말을 경청하며 협력했나요? 이에 대한 자신의 생각을 적으세요. (참여 :   경청 :   협력 :   )

학생 평가표의 결과를 포함하여 교사가 수업 과정에서 평가한 자료, 학생이 했던 말이나 행동에 관련된 일화 기록 등을 종합하면 학생을 지원하고 평가하는데 유용하게 활용할 수 있다.

프로젝트 계획을 모두 세웠다. 그러나 이것만으로 프로젝트 계획이 끝난 것은 아니다. 교사가 프로젝트 수업 계획을 세운 후에 꼭 해야 할 일이 남아 있다. 바로 프로젝트 계획에 학생의 의견을 반영하는 일이다. 이는 프로젝트를 도입한 후에 진행되므로 3부의 실행(154쪽)에서 다루도록 하겠다.

TIP 학생에게 점진적으로 자율권 부여하기

자전거 타는 법을 배울 때에는 세발자전거 타는 법을 먼저 배운다. 세발자전거를 잘 타게 되면 다음으로 네발자전거를 타고 이에 익숙해지면 보조 바퀴 두 개를 제거하고 두발자전거를 탄다. 프로젝트 수업도 이와 마찬가지로 쉽게 할 수 있는 것부터 학생 스스로 할 수 있도록 한 후 점차적으로 스스로 할 일을 늘려 나가야 한다. 교사와 학생이 프로젝트를 처음 접할 경우에는 학생이 스스로 해야 할 것을 적게 주고 시작하는 것이 좋다.

자율권 5가지

프로젝트 수업에서 학생이 자율적으로 선택하게 할 수 있는 요소는 '주제 및 탐구 질문, 하위 주제, 학습 활동, 학습 자료, 결과물'로 총 5가지이다.

① **주제 및 탐구 질문** 프로젝트 수업의 주제와 탐구 질문을 학생이 선택하게 할 수 있다. 교사는 교육 과정을 가르친다. 그래서 꼭 가르쳐야 할 내용이 존재한다. 따라서 주제와 탐구 질문의 경우 학생에게 자율권을 줄 때에는 신중을 기해야 한다.

② **하위 주제** 프로젝트 주제의 하위 주제에 해당하는 내용을 학생들이 선택하게 할 수 있다. (선택 활동 설계 104쪽 참고)

③ **학습 활동** 학습 활동 역시 학생들이 자율적으로 선택하도록 기회를 부여할 수 있다. 체험 학습을 가거나 전문가를 인터뷰하는 등 학생이 자발적으로 활동을 구성하면 된다. 학생들이 하고 싶은 활동을 제시하고, 교사는 학생들의 의견이 탐구 질문 해결에 적합한 활동인지 점검해야 한다.

④ **학습 자료** 학습 자료의 형태에는 책, 인터넷 사이트, 실물이나 모형, 교사가 가공한 학습지 등이 있다. 학습할 것을 교사가 미리 여러 개 선정해 놓은 후 학생에게 선택하게 할 수도 있고, 학생에게 직접 참고할 수 있는 학습 자료를 찾게 할 수 있다. 단, 학생 스스로 찾게 할 때에도 교사가 좋은 자료를 찾을 수 있는 소스(사이트 목록, 책 목록 등)를 안내해 주는 것이 좋다.

⑤ **결과물** 결과물이란 프로젝트 수업의 결과로 학생이 만들어 낸 것이다. 프로젝트 수업의 목적에 따라 프로젝트 수업의 결과물은 다양해진다. 이를 교사가 결정할지, 교사와 학생이 협의하여 결정할지, 학생 스스로 결정하게 할지 선택할 수 있다.

처음에는 '하위 주제'와 '학습 자료'를 학생들이 자율적으로 선택하게 할 수 있다. 이후 '학습 결과물' '학습 활동'에 대한 자율권을 부여하고 학생이 프로젝트에 능숙해졌을 때 '주제 및 탐구 질문'에 대한 자율권을 부여하는 것이 좋다.

TIP 저학년 활동 설계 비법

저학년 학생은 피아제의 인지 발달 단계상 구체적 조작기에 해당한다. 구체적 조작기의 학생들은 실제로 경험하고 조작해 볼 때 학습 효과가 높다.

학생들이 경험하고 조작하게 하기

덴마크의 교사 비벌리 에더위안카(Beverly Ederwianka)가 창안한 달팽이 기반 학습(Snail Based Learning)[7]은 저학년 학습자에게 적합한 교육 방식이다. 달팽이 기반 학습은 경험과 조작을 통해 자신들만의 생각과 언어로 충분히 표현해 본 후 본격적인 교과 내용을 학습한다. 학생이 학습 주제에 호기심을 갖고 자신만의 생각을 발전시킬 수 있는 충분한 시간을 제공한다.

    달팽이 기반 학습은 '경험 – 기록 및 반영 – 조작과 실험 – 학문적 읽기와 듣기 – 통합 및 생산'의 다섯 단계로 이루어진다. 학생들은 먼저 학습 주제와 관련된 실물을 오감을 활용하여 경험한다. 그리고 그 경험을 토대로 습득한 것을 그림이나 글 등의 형태로 기록하고 반영한다. 주제와 관련된 실물을 나름대로 조작하고 실험해 보며 자신들의 생각을 표현하고 가설을 세운다. 글을 읽고 교사의 강의를 들음으로써 자신들이 조작하고 예상했던 것을 검증해 보고 학문적인 지식을 학습하게 된다. 마지막으로 자신들의 경험과 기록, 실험, 학문적 학습을 통합하여 새롭게 지식을 생산할 수 있게 된다.

---

7   Den groenne friskole, https://dengroennefriskole.dk/hundrED, https://hundred.org/en/innovations/liger-leadership-academy

달팽이 기반 학습의 순서

'버섯'을 주제로 진행한 프로젝트 수업을 살펴보자. 먼저 버섯이 있는 숲으로 현장 학습을 간다. 그곳에서 학생들은 버섯을 만져보고 냄새 맡고 관찰하며 감각적으로 버섯을 느낀다.(경험) 버섯의 생김새를 스케치한다.(기록) 학생들은 스케치를 하며 버섯의 생김새에 관해 알게 된 새로운 사실을 자신의 기존 지식에 반영한다.(기록 및 반영) 채취한 버섯을 학급으로 가져와 학생 스스로 기준을 세워 분류한다.(조작과 실험) 이제 학생들은 버섯의 학문적인 학습을 할 준비가 되었다. 다음으로 버섯에 대한 책을 읽고 자신들이 세운 분류 기준이 맞는지 확인하고 교사의 강의를 듣는다. 이 단계에서 학생이 개인적으로 사용했던 용어가 실제 학술적으로 쓰이는 전문 용어로 대체된다.(학문적 읽기, 듣기) 마지막으로 자신들의 탐구 결과를 디오라마, 포스터, 음식 등의 다양한 형식으로 발표하면서 자신의 경험, 실험을 통한 학습과 학문적인 학습을 통합하고 새로운 지식을 생산하게 된다.(통합 및 생산)

학생의 사고를 '말하기-그리기-만들기' 활동을 통해 드러내기

레지오 에밀리아(Reggio Emilia)식 프로젝트 접근법에서는 한 가지 주제에 대해 언어로 토의하고, 그림을 그리고 가상의 모델을 만드는 과정을 거치며 학생이 깊이 있는 탐구를 할 수 있도록 돕는다. 이 과정에서 저학년 학생은 지식을 충분히 습득하고 사고가 확장되는 경험을 한다.

눈 속의 도시(The City in the Snow)[8] 프로젝트 수업에서는 학생이 말하기, 그리기, 만들어보기를 반복하며 다양한 방식으로 눈에 대해 탐구한다. 말하기를 통해 학생들이 상상력을 동원하여 주제를 탐색한다. 그림과 글로 눈을 표현하는 활동을 통해 자신의 생각을 증거로 남기고 가설을 세운다. 시뮬레이션을 하거나 실제 경험해 봄으로써 자신이 세운 가설을 검증한다. 이러한 활동을 반복하면서 학생들은 지식을 습득해 나간다.

'눈 속의 도시' 프로젝트는 크게 두 단계로 나누어 볼 수 있다. 첫 번째 단계는 ①부터 ⑥까지의 활동으로 학습자의 동기를 유발하고 학습의 초점을 맞추어 가는 단계이다. 두 번째 단계는 ⑦부터 ⑩까지의 활동으로 앞선 논의를 심화하여 구체적으로 학생들이 학습하고자 하는 바를 심층적으로 탐구하는 단계이다.

---

8 《프로젝트 접근법-레지오 에밀리아의 한국 적용》 45쪽, 유승희, 성용구, 양서원, 2011

눈 속의 도시(The City in the Snow) 프로젝트 수업

1단계 : 동기 유발 및 학습 초점 맞추기

① 아는 것을 말로 표현하기	학생이 눈과 관련하여 알고 있는 것을 말로 표현한다. – 눈이 내리면 운동장이 어떻게 변할까? – 눈 속에서 학생들은 무엇을 할 수 있을까? – 많은 양의 눈을 시에서는 어떻게 처리할까?
② 눈이 오는 장면을 그리기	학생은 각자 눈이 오는 장면을 그리고 설명한다. – 학생들은 각자 스키 타는 장면, 눈 덮인 지붕, 눈 속을 통과하여 연못에 빠지는 모습 등을 그림
③ 눈이 오는 것을 시뮬레이션 하기	눈이 오지 않아 나무 블록으로 도시를 만들고 그 위에 눈 대신 밀가루를 뿌린다. – 지붕의 경사면에 눈이 쌓이는 것 관찰하기 – 지붕의 형태와 눈이 쌓이는 관계 확인
④ 눈이 오는 것 실제 경험하기	첫눈이 오자 밖으로 나가 눈 오는 것 직접 관찰한다.
⑤ 눈이 오는 장면 2번째 그림 그리기	시뮬레이션과 실제 경험 후 다시 그림을 그린다. – 지붕의 끝과 경사면에 눈이 어떻게 쌓였는지에 대한 정확한 위치에 대해 학생들이 자발적으로 관심을 기울이며 그림을 그리게 됨
⑥ 눈과 관련한 소리를 그리기	소리에 흥미를 갖고 그림으로 표현하려고 노력한다. – 눈의 고요함, 눈 위를 걸을 때와 뛸 때 나는 소리, 눈을 치울 때나는 소르 에 흥미를 가짐 – 소리를 녹음함 – 청각적 소리를 시각적 그림으로 표현함

2단계 : 심층 탐구하기

⑦ 눈을 현미경으로 관찰하고, 그림 그리기	눈송이의 아름다움에 관하여 관심을 가진다. - 아름다운 눈송이에 대해 개별적으로 그림을 그림 - 검은 종이 위에 흰 분필, 색종이, 마카로니, 블록 등 다양한 매체를 사용하여 그림
⑧ 영상을 보며 눈송이 생성 과정 관찰하고 그림 그리기	3분짜리 영상을 반복하여 시청하며 눈의 생성 과정을 관찰하고 그림으로 나타낸다.
⑨ 물이 얼음으로 변하는 과정을 그림으로 그리기	- 눈 결정체와 얼음 결정체의 차이 토의하기 - 토의 결과를 글로 쓰기 - 3 시기의 시간대별로 물이 어는 과정 체크하며 그림 그리기
⑩ 눈이 만들어지는 구름과 기계를 그리기	눈에서 녹은 물이 어떻게 다시 눈으로 만들어질지에 대해 토의한다. - 눈을 만드는 구름에 대한 그림을 그린 학생이 있음 - 눈을 만드는 기계를 그림으로 그린 학생이 있음 - 물이 눈으로 변하는 학생들의 가설을 잘 드러내 보여줌

'말하기 – 그리기 – 만들기' 형식 활용하기

1단계에서는 '말하기 – 그리기 – 만들기'의 다양한 형식의 학습을 통해 눈에 대해 흥미를 갖게 한다. 이후에 학생의 관심사에 따라 점차 지붕과 눈의 관계에 초점을 맞추어 학습이 진행되고 있다. 2단계에서는 눈송이와 눈의 변화 등에 초점을 맞추어 심화된 학습이 이루어지고 있다.

이처럼 저학년 학생들에게는 먼저 '말하기-그리기-만들기' 방식을 활용하여 자신의 생각을 표현하게 해야 한다. 다시 '말하기-그리기-만들기'를 반복하면서 새롭게 알게 된 내용을 추가하거나 자신의 예상을 표현해 보게 할 수 있다. 이를 통해 학생은 주제에 대한 자신의 생각을 표현할 기회를 갖는다. 교사는 학생들의 생각과 배움 정도를 학생들이 표현하는 '말하기-그리기-만들기'를 통해 구체적으로 확인할 수 있다.

저학년 프로젝트 수업에서는 특히 그림 그리기를 유용하게 활용할 수 있다. 자신이 말한 것을 그림으로 그려보고 자신의 그림에 대한 설명을 글로 쓰며 학생은 자신의 생각을 논리적으로 정리하게 된다. 그림은 학생들이 언어로 표현하지 못하는 것을 더 잘 표현할 수 있도록 돕는 역할을 한다. '눈 속의 도시' 프로젝트에서도 눈의 생성 과정이나 눈이 물로 변화하는 과정을 그림으로 표현하게 함으로써 학생들이 자연스럽게 변화 과정을 익히도록 돕고 있다.

저학년 프로젝트 운영 팁 : 교사가 기록하기

교사가 저학년 학생들에게 적절한 안내와 도움을 줄 수 있으려면 학생의 생각과 성향, 흥미와 욕구에 대해 알아야 한다. 이를 위해서 교사는 학생의 프로젝트 수업 활동 과정과 결과를 기록해야 한다. 교사가 학습의 증거를 수집하고 분석 및 해석하여 전시하는 것을 기록 작업(Documentation)이라 한다.[9] 특히 저학년에서는 교사가 주도적으로 기록 작업을 해야 한다. 학생이 직접 기록하는 데에는 한계가 있기 때문이다.

이렇게 수집된 학생의 학습 과정에서 나온 기록물은 학생들이 무엇을 알

---

9 《어린이 연구자 프로젝트 접근법》 151p, Judy Harris, 양서원

고, 할 수 있는지 파악하게 해준다. 더불어 다음 수업에서 어떤 질문을 할지, 어떤 자료나 활동을 제공했을 때 학생들의 학습에 도움이 될지 결정하는 데 도움을 준다.[10]

Katz와 Chard는 프로젝트 수업에서 기록 작업을 다음과 같이 설명했다. 학생의 작품은 기록에 포함된다. 학생이 진행 중인 작업을 보여주는 사진, 학생과 함께 교사나 부모, 전문가와 같은 성인이 작성한 의견, 학생의 토론 및 의견에 대한 교사의 기록, 부모가 작성한 의견이 기록에 포함된다.[11] 이러한 기록은 교사의 일화 기록, 사진, 녹음, 영상, 학생 결과물 등을 통하여 다양한 방식으로 수집할 수 있다.

교사는 학생의 토론 기록을 읽어주며 이전 생각이나 토론으로 학생들의 관심을 유도하고 그 문제에 대해 추가적으로 생각해보도록 할 수 있다.

기록 작업(Documentation)을 하여 게시판에 게시할 수 있는 것
- 학생 작품
- 학생이 진행 중인 작업을 보여주는 사진
- 전문가, 교사, 부모의 의견
- 학생 토론 및 의견에 대한 교사의 기록

---

10 《어린이 연구자 프로젝트 접근법》152p, Judy Harris, 양서원, 2015
11 Catz & Chard(1996), The contribution of documentation to the quality of early childhood education, ERIC Clearinghouse on Elementary and Early Childhood Education Urbana IL

기록 작업(Documentation)을 위한 수집 방법

− 일화 기록

− 사진

− 녹음

− 영상

− 학생 결과물

프로젝트 수업 계획 따라하기

프로젝트 계획을 세울 때에는 전체적인 흐름과 짜임새를 볼 수 있도록 한 장에 기록하는 것이 좋다. 프로젝트 디자인 양식을 활용하면 한 장에 프로젝트 수업 계획의 전 과정을 담을 수 있다.

프로젝트 디자인 양식

프로젝트 명						학년	
1. 핵심 목표	2. 학습 목표	3. 활동					4. 준비
		☐ 학생 자율권/선택권 ☐ 연결하기(사람, 현장) ☐ 공유 및 돌아보기	산출물	과목-단원 (배당 차시)	형성 평가 (성취 기준)		

최종 결과물							
발표 방식							
탐구 질문							
		발표 연습 및 발표					
		돌아보기 및 축하			총 차시		

> **실습 미션** | **탐구 질문 작성 및 활동 설계 따라하기**

프로젝트 계획을 세우기 위해 프로젝트 디자인 양식을 준비하고 다음 순서대로 따라해 보자.

준비물 교사용 계획서 중 프로젝트 디자인 양식, 미리 작성한 프로젝트 가이드맵(76쪽 참조), 학생용 평가표 양식

1. 프로젝트 디자인 양식에 탐구 질문 작성하기

교사용 계획서의 '프로젝트 디자인' 양식을 살펴보면 '1. 핵심 목표'란에 핵심 목표, 최종 결과물, 발표 방식, 탐구 질문을 작성하는 칸이 있다. 순서대로 해당 항목을 쓰게 되면 최종적으로 탐구 질문을 완성할 수 있다.

예를 들어 '꿈나무 탐험대'라는 우리 마을과 관련된 프로젝트 수업을 진행할 경우 핵심 목표는 '우리 마을의 좋은 점을 소개해봅시다'이다. 학생들이 발표할 때 최종적으로 만들어 낼 결과물은 '나만의 우리 마을 책'으로 정했다. 출판 기념회를 발표 방식으로 정하고 최종 결과물인 '마을 책'을 탐구 질문에 포함시켰다. 그렇게 탄생한 탐구 질문이 '우리 마을의 좋은 점을 소개하는 마을 책을 어떻게 만들까?'이다.

1. 핵심 목표	
핵심 목표	우리 마을의 좋은 점을 소개해 봅시다.
최종 결과물	나만의 우리 마을 책
발표 방식	출판 기념회
탐구 질문	우리 마을의 좋은 점을 소개하는 마을 책을 어떻게 만들까?

실습! 프로젝트 디자인 양식을 활용하여 '1. 핵심 목표'란에 작성하자.

2. 목표 – 활동 작성하기

목표와 활동을 작성할 때에는 다음의 순서를 따른다.

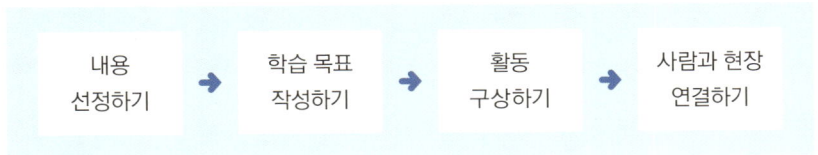

내용 선정하기

76쪽의 실습을 통해 작성한 프로젝트 가이드맵을 준비한다. 가이드맵에 작성한 내용 중 탐구 질문을 해결하기에 적절한 내용을 뽑아보자. 뽑은 내용의 순서를 정하면 학습의 흐름이 완성된다.

학습 목표 작성하기

내용의 흐름이 잡힌 후에 내용에 맞는 학습 목표를 작성해 보자. 학습 목표가 핵심 목표와 일관성이 있도록 흐름을 맞추는 것이 중요하다.

활동 구상하기

학습 목표와 내용의 흐름에 따라 학습 활동을 구상한다. 이때 프로젝트 가이드맵에서 떠올렸던·아이디어와 74쪽에 있는 학습 활동 목록을 참고하면 도움이 된다.

학습 활동을 구상했다면 이 활동들을 필수 활동과 심화 활동으로 구분한다. 여기에 선택 활동도 포함시키는 것이 좋다.

사람과 현장 연결하기

작성한 활동에 연결시킬 수 있는 사람이나 현장이 있는지 프로젝트 가이드맵을 통해 확인하여 활동에 포함시킨다.

<mark>실습!</mark> 프로젝트 디자인 양식을 활용하여 '2. 학습 목표', '3. 활동'란을 작성하라.

3. 산출물 작성하기

프로젝트 수업을 진행한 후 얻는 결과는 산출물과 결과물로 구분할 수 있다. 산출물이란 학습 과정에서 자연스럽게 나오는 것이다. 예를 들면 마을을 탐험할 때 학생들에게 과제로 프로타쥬를 하게 한다. 학습의 결과로 '프로타쥬'가 자연스럽게 나오게 되는데 이를 산출물이라고 한다. 반면에 결과물은 의도적으로 구성하여 만들어낸 구성물이다. 예를 들면 앞서 나온 프로타쥬와 학생들의 학습지를 모아 '마을 책'을 만들었다. 이렇게 의도를 가지고 새로운 무엇인가를 만들었다면 이를 결과물이라고 한다. 마을 탐험 프로젝트 수업에서는 '마을 책'이 결과물인 것이다.

꿈나무 탐험대 프로젝트 디자인의 일부

핵심 목표	활동	산출물	최종 결과물
우리 마을의 좋은 점을 소개해 봅시다.	1. 우리 동네 탐험 마인드맵 하기	– 마인드맵	마을 책
	2. 우이천에서 자연물과 인공물로 미술 작품 만들기 – 소감문 쓰기	– 미술 작품 – 소감문	
	3. 우리 동네 골목 탐험하며 프로타쥬 하기 – 방위 및 지도, 그림 기호 수업	– 프로타쥬	

실습! 프로젝트 디자인 양식을 활용하여 '산출물'란을 작성하라.

4. 성취 기준 및 평가 작성하기

프로젝트의 활동은 교육 과정의 성취 기준을 달성할 수 있도록 짜야 한다. 활동을 디자인 할 때 활용했던 성취 기준을 '형성 평가(성취 기준) 란에 작성한다. 성취 기준은 도달해야 할 목표인 동시에 평가 기준이 되기 때문이다. 예를 들어 '미술 작품 만들기' 활동을 할 경우 '자연물과 인공물을 다양한 감각으로 탐색하고 느낌과 생각을 다양하게 나타낼 수 있다.'라는 성취 기준을 활용했다.

이를 다음과 같이 프로젝트 디자인 양식에 작성한다. 더불어 과목, 단원, 배당 차시를 작성한다.

'성취 기준 및 평가' 작성 예

성취 기준 및 평가	
과목-단원(배당 차시)	형성 평가(성취 기준)
미술-미술을 통한 발견 (4) 국어-소개 (2)	자연물과 인공물을 다양한 감각으로 탐색하고 느낌과 생각을 다양하게 나타내는가?

실습! 프로젝트 디자인 양식을 활용하여 '과목-단원, 형성 평가'란을 작성하라.

5. 준비 작성하기

프로젝트 수업에서 교사는 준비한 수업을 하고, 다음 수업의 세부 계획을 짜고, 활동을 하면서 학생들의 어려운 점을 돕고, 전체적인 팀별 활동 속도를 조율하는 등 많은 일을 하게 된다. 수업에 필요한 사항을 꼼꼼하게 기록해 놓지 않으면 미리 준비해야 할 것을 놓쳐 수업을 제대로 진행하지 못하게 될 경우가 있다. 반면에 프로젝트 수업을 실행하기 전에 수업에 필요한 준비 사항을 미리 작성해 놓으면 바쁜 와중에도 원활하게 수업을 진행할 수 있다.

'준비'에는 학습에 필요한 준비물, 학습지, 예시 작품, 인적 자원 및 현장 학습과 관련된 사항을 적는다. '우리 동네 골목 탐험하기' 활동에서 필요한 준비는 사전 답사, 예시 작품, 학부모 명예 교사 섭외, 프로타쥬 학습지 등이다

'활동에 따른 준비' 작성 예

3. 활동	4. 준비
3. 우리 동네 골목 탐험하기 – 동네 돌아다니며 조형 요소가 들어간 모양 프로타쥬하기 – 프로타쥬 오려 붙이고 소감 쓰기 – 발표 및 전시하기 4. 교사 강의 – 방위 및 지도, 그림 기호 수업	– 사전 답사 및 예시 작품 – 학부모 명예 교사 섭외 – 프로타쥬 학습지

실습! 프로젝트 디자인 양식을 활용하여 '4. 준비'란을 작성하라.

6. 학생 평가표 작성하기

디자인 양식에 작성한 학습 목표와 성취 기준을 보고 학생용 평가표를 작성한다. 성취 기준 도달 질문을 활용하여 학생 평가지를 만들어 보자.

실습! 학생 평가표 양식을 활용하여 학생 평가지를 작성하라.

미션 완수를 축하합니다! 프로젝트 계획을 성공적으로 마무리했습니다. 각 지시별 세부 활동 계획을 세울 때에는 98쪽의 필수 활동, 심화 활동 설계 방법을 참고하세요.

셀프 체크

프로젝트 수업 계획을 잘 했는지 아래의 체크리스트를 활용해 스스로 점검해 보세요. 문장을 읽어보고 완수했다면 □에 ∨표시를 해 주세요.

가이드맵 작성하기

- □ 프로젝트의 길잡이가 되도록 관점이 있는 탐구 질문을 작성하는가?
- □ 핵심 목표와 각각의 활동은 관련이 있는가?
- □ 필수 활동과 심화 활동을 구상하였는가?
- □ 학생의 자율권과 선택권을 보장하는가?
- □ 활동은 창의적이고 도전적인가?
- □ 활동 계획 시 실제 삶과 같은 맥락의 학습을 위해 사람과 현장을 연결시키는가?
- □ 과정 중심 평가를 위해 학생 평가표를 작성하는가?
- □ 학생의 의견을 계획에 반영하는가?

프로젝트 디자인 예시 '꿈나무 탐험대 프로젝트'

프로젝트 명		꿈나무 탐험대				학년	3
1. 핵심 목표	2. 학습 목표	3. 활동					4. 준비
		□ 학생 자율권/선택권 □ 연결하기(사람, 현장) □ 공유 및 돌아보기	산출물	과목-단원 (배당 차시)	형성 평가 (성취 기준)		
우리 마을을 아끼고 사랑하는 마음을 갖는다.	우리 동네에 대해 관심을 갖고 장소와 건물을 떠올릴 수 있다.	·도입 및 학생 계획 1. 동기 유발: 우리 동네를 탐험해 보자. - 우리 주변에서 가 보고 싶은 곳은? 내가 좋아하는 우리 동네 장소는? - 우리 주변에서 유명한 건물은?	마인드맵	·사회-우리가 살아가는 곳 (1)	우리 동네에 대해 관심을 갖는가?		

최종 결과물	주변 경관을 둘러보고 자연물과 인공물을 이용하여 작품을 만들 수 있다.	2. 우이천 탐험 -우이천을 둘러보고 자연물과 인공물로 미술 작품 만들기	-미술 작품 사진 -소감문	·미술-미술을 통한 발견 ·국어-소개 (6)	자연물과 인공물을 다양한 감각으로 탐색하고 느낌과 생각을 다양하게 나타내는가?	
나만의 우리 마을 책 발표 방식	주변에서 평면도형을 찾을 수 있다. 조형 요소를 알고 이해할 수 있다. 방위 및 지도, 그림기호를 알고 적용할 수 있다.	3. 우리 동네 골목 그림지도 만들기 -동네 돌아다니며 조형 요소가 들어간 문양 프로타쥬하기 4. 교사 강의 -방위 및 지도, 그림기호 수업	프로타쥬	·미술-조형의 나라로 ·수학-평면도형 ·국어-소개 (7)	조형 요소와 원리를 이해하고 주변 환경에서 찾을 수 있는가? 교실 및 생활 주변에서 직각인 곳과 평행인 곳을 찾아 수직 관계와 평행 관계를 이해할 수 있는가?	-사전답사 및 예시 작품 -학부모 명예 교사 섭외 -프로타쥬 학습지
출판 기념회 ☑발표회 ☑전시회 ☐체험전 ☐캠페인 ☐웹 ☐청원 탐구 질문	방위와 그림기호를 활용하여 그림 지도를 그릴 수 있다.	5. 고장 사람들의 생활 모습과 하는 일 알아보기 -인터넷 지도에 학교에서 집까지 사람모습 보이는 곳 그림기호로 나타내고 이름 쓰기 -과제 수합 및 발표 및 수정(그림기호) -인터넷 지도를 그림지도로 표현하기 -인상 깊었던 모습 관찰 하고 글쓰기	그림지도	·사회-우리가 살아가는 곳 (8)	방위와 그림기호를 활용하여 우리 고장의 그림 지도를 그릴 수 있는가?	-학생별 인터넷 지도 뽑기
	내가 사는 곳에 추억의 장소를 떠올려서 글을 쓸 수 있다.	6. 나와 우리 가족의 추억의 장소에 알아보기 -부모님 추억글 바탕으로 나와 우리 가족 추억글 쓰고 그림 그리기	추억 글, 그림	·사회-우리가 살아가는 곳	설명하는 대상의 특징이 드러나게 알맞은 낱말을 선정하여 글을 쓸 수 있는가?	-부모님, 교사의 추억 글 -추억의 장소 학습지
우리 마을의 좋은 점을 어떻게 소개할까?	우리 동네의 중심 장소를 견학하고 그곳에서 하는 일을 알고 정리할 수 있다.	7. 우리를 도와주는 우리 동네 장소 견학하기 -견학 준비하기 -견학하기 -견학 결과 정리하기 -결과 발표하기	견학 보고서	·사회-우리가 살아가는 곳 ·국어-중요한 내용을 적어요 ·미술-즐거웠던 일 표현하기 ·수학-시간과 길이 (14)	견학 활동을 통하여 그곳에서 무슨 일을 하며 우리에게 어떤 도움을 주는지 알 수 있는가?	-견학 가능 장소 알아 보기 -견학 시간 조율 -견학 학습지 -학부모 명예교사 섭외
	학습의 결과물을 책으로 만들 수 있다. 청중을 고려하여 발표할 수 있다.	발표 연습 및 발표 8. 학습 결과 책으로 만들기 9. 학부모 초청 전시 및 발표회 돌아보기 및 축하 10. 과정과 결과 돌아보기 및 축하의 시간		·국어-알맞게 소개해요 ·창체 (13) 총 차시 54	설명하는 대상의 특징이 드러나게 알맞은 낱말을 선정하여 글을 쓸 수 있는가? 내용과 태도에 유의하며 발표할 수 있는가?	-학부모 초청 가정 통신문 -교실 준비

3

Project Based Learning

프로젝트 수업 실행하기

1 도입하기
2 탐구하기
3 배움 다지기
4 발표 및 성찰하기
5 학습 문화 조성하기

SUMMERY

프로젝트 계획을 세웠더라도 실행하기를 주저하는 분들을 종종 보아 왔다. 프로젝트 계획의 개요를 잡았더라도 차시마다 학생의 요구와 수준에 맞는 수업을 진행하기가 쉽지 않기 때문이다. 하지만 시도가 없으면 실행의 노하우를 터득하기 어렵다. 수업을 실행해야 학생의 반응을 살필 수 있고, 이를 통해 계획의 적절성 여부를 판단할 수 있다. 계획을 세웠다면 일단 실행해보자. 3부에서는 프로젝트 수업을 실행할 때 고려해야 할 점과 참여와 배움이 있는 실행 방법에 대해 알아보고자 한다.

프로젝트 실행 절차

프로젝트는 '도입하기 → 탐구하기 → 발표 및 성찰하기'의 과정으로 실행한다.

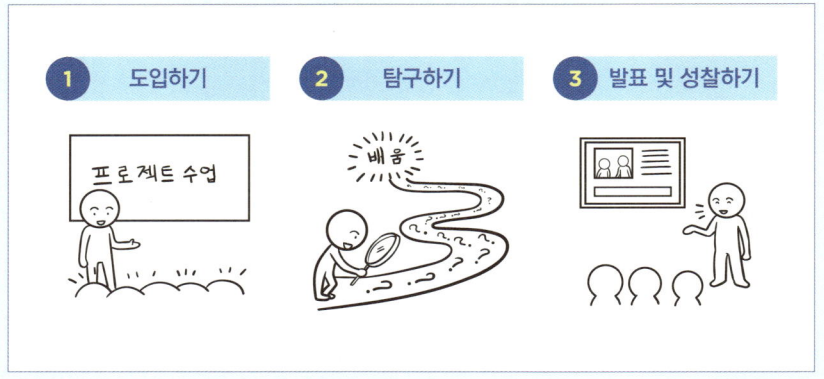

도입하기

도입에서는 '프로젝트 수업 소개, 동기 유발, 학생 의견 반영하기'를 진행 한다.

① 프로젝트 수업 소개하기 – 프로젝트를 도입할 때에는 프로젝트 수업을 처음 접하는 학생들을 위해 프로젝트 수업이 무엇이고 어떤 흐름으로 진행되며 왜 하는지에 대해 안내한다.

② 동기 유발을 위한 첫 수업하기 – 학생들이 프로젝트에 관심을 갖게 하고 참여를 촉진시키기 위하여 도입에서 여섯 가지 동기 유발 방법을 활용할 수 있다.

③ 학생의 의견을 프로젝트 계획에 반영하기 – 질문 나누기와 질문 모으기 활동을 통해 학생의 의견을 프로젝트 계획에 반영한다.

탐구하기

도입 후에는 본격적으로 탐구를 한다. 탐구는 필수 활동과 심화 활동으로 나뉜다. 필수 활동과 심화 활동을 하는 과정에서 유의미한 학습이 이루어지도록 교사는 '학생 스스로 탐구하게 하기'와 '탐구 과정에서 배움 다지기' 방법을 활용할 수 있다.

※ 학생 스스로 탐구하게 하기

① 탐구 방법 가르치기 – 학생이 주도하는 탐구가 되려면 탐구 과정과 방법을 학생에게 가르쳐주어야 한다. 탐구는 '조사 계획하기 → 조사하기 → 조직화 하기'의 과정을 거친다.

② 학생 스스로 답을 찾게 하는 질문하기 – 학생들이 스스로 답을 찾도록 하기 위해서 교사는 단서를 주거나 질문을 활용한다.

③ 팀별 활동 지도하기 – 팀별 활동을 할 때 유의할 점과 팀 활동 절차, 프로젝트 실행 점검표 활용법에 대해 알아본다.

※ 탐구 과정에서 배움 다지기

프로젝트 탐구 과정에서 깊이 있는 배움이 일어나도록 하기 위한 세 가지 방법을 안내한다.

① 학습 과정 시각화 하기 – 학습 과정에서 얻어지는 결과물이나 기록을 학습의 흐름대로 게시하면 학습 과정을 한눈에 볼 수 있어 배움을 다지는 데 도움이 된다.

② 학생에게 탐구 과정과 결과 파악하게 하기 – 학생은 질문과 탐구 결과를 살펴보며 스스로 탐구하는 방법을 익힐 수 있다.

③ 중간발표 및 개선하기 – '모범 결과물 평가하기'와 '동료 평가'를 하여 학생 스스로 학습 결과물이나 발표를 개선하도록 한다.

발표 및 성찰하기

발표에 활용할 결과물을 디자인한 후 학습 결과를 공개적으로 발표하고, 학습 과정을 돌아보며 프로젝트를 마무리 짓는다.

① 결과물 디자인하기 – 그림, 설명, 준비물의 3요소를 활용하여 결과물을 디자인할 수 있다.

② 발표하기 – 발표 평가 기준을 사전에 알려주고 발표 평가를 통해 발표력을 향상시킬 수 있도록 한다.

③ 성찰하기 – 프로젝트 성찰하기는 프로젝트 성찰, 학생 성찰의 과정으로 진행한다.

※ 프로젝트 실행 절차

도입하기	프로젝트 수업 안내하기 동기 유발을 위한 첫 수업하기 학생의 의견을 프로젝트 계획에 반영하기

⬇

탐구하기	탐구 활동	탐구 지도 방법
	필수 활동 심화 활동	학생 스스로 탐구하게 하기 – 탐구 방법 가르치기 – 학생 스스로 답을 찾게 하는 질문하기 – 팀별 활동 지도하기 탐구 과정에서 배움 다지기 – 학습 과정 시각화 – 탐구 과정과 결과 파악하기 – 중간발표 및 개선하기

발표 및 성찰하기	결과물 디자인하기, 발표하기, 성찰하기

학급 문화 조성하기

프로젝트 수업을 실행할 때 특히 도전하고 협력하는 교실 분위기가 중요하다. 프로젝트 과제는 쉽지 않다. 학생은 과제를 해결하기 위해 의지를 갖고 도전해야 한다. 또한 혼자서 해결하기 어렵기 때문에 동료와 협력해야 한다. 도전하고 협력하는 교실 문화를 만들기 위한 수업 방법에 대해 알아본다.

1 도입하기

학생을 참여시키는
도입하기

수업교실 모임 선생님들께 학생들에게 프로젝트 수업을 어떻게 소개할 것인지에 대해 물었다.

"만약 선생님들이 프로젝트 수업에 대해 학생들에게 소개한다면 어떻게 하실 건가요?"
선생님들의 대답은 다음과 같았다.

프로젝트 수업이란?
- 학생이 살아있는 교과서를 만들어 채워나가는 것이다.
- 우리가 20년 뒤에 만났을 때 이야기할 수 있는 추억을 만드는 것이다.
- 교과서에 나와 있지 않더라도 우리가 배우고 싶은 것을 같이 배워보는 것이다.

- 우리가 가진 문제를 깊게 파고들고 즐겁게 해결해 보는 것이다.
- 삶과 앎을 연결하여 스스로 전문가가 되어보는 것이다.
- 책에서 해보고 싶은 것을 찾아보고, 먹고, 적어보고, 노래 부르고, 그려보면서 즐겁게 공부하는 것이다.

프로젝트 수업 소개하기

프로젝트 수업을 학생에게 소개하는 목적은 학생이 프로젝트 수업에 대해 긍정적인 인상을 갖고 적극적으로 참여할 수 있도록 하기 위함이다.

프로젝트 수업을 소개할 때에는 프로젝트 수업의 뜻과 과정을 먼저 이야기하는 것이 좋다. 다음으로 프로젝트 수업의 효과에 대해 설명하고 학생이 프로젝트 수업에 어떻게 임해야 하는지 학생의 역할과 책임에 대해 언급하며 마무리 한다.

프로젝트 수업의 의미 안내하기

위에 언급한 '프로젝트 수업이란'의 예시를 참고하여 아래의 빈 칸에 나만의 프로젝트 수업의 의미를 만들어 보자.

프로젝트 수업이란?

프로젝트 수업 과정 안내하기

다음과 같이 '프로젝트 수업 절차'를 게시해 놓고 차시 단위 수업과 비교하며 프로젝트 수업 과정에 대해 설명하면 효과적이다.

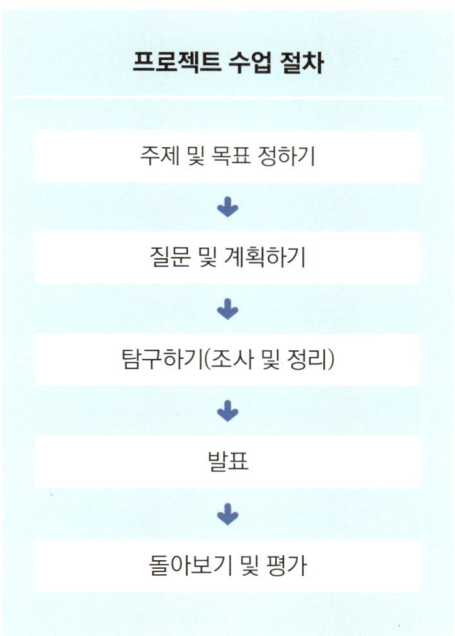

프로젝트 수업 효과 안내하기

프로젝트 수업은 21세기 핵심 역량(스킬)을 개발하는 데 매우 효과적인 학습법이다.[1] 21세기 핵심 역량이란 미래 사회에서 성공하기 위해 인재가 갖추어야 할 능력을 의미한다. 프로젝트 수업을 하면 4Cs라고 일

---

1 《21세기 핵심 역량》 Bernie Triling, 학지사, 2015

길어지는 협업 능력(Collaboration), 의사소통 능력(Communication), 비판적 사고력(Critical thinking), 창의적 사고력(Creative thinking)을 기를 수 있다. 프로젝트 수업은 학생이 중심이 되어 스스로 탐구하고 학습하므로 자신의 학습을 조절하고 주도할 수 있는 능력이 향상된다.

프로젝트 수업을 통해 기를 수 있는 능력

- 협업 능력(Collaboration)
- 의사소통 능력(Communication)
- 비판적 사고력(Critical thinking)
- 창의적 사고력(Creative thinking)
- 자기주도 학습 능력(self-directed learning)

학생의 역할과 책임

프로젝트 수업에서 학생은 자율적으로 학습할 수 있는 기회를 보장 받는다. 선택할 수 있는 권리가 있다면 그에 합당한 책임도 져야 한다. 학생들에게 다음과 같이 안내할 수 있다.

"여러분에게 자유로운 활동 시간을 줄 거예요. 그 시간에 여러분은 즐겁게 공부할 수 있어요. 단, 선생님에게 그 시간을 잘 활용했다는 증거를 보여줘야 해요. 바로 자유에 대한 책임을 지는 거죠. 스스로 계획을 세우고 실천하며 책임지는 것도 매우 중요한 공부예요."

프로젝트 수업에서 학생들은 다음의 역할을 수행함으로써 스스로 학습을 이끌어나가며 즐겁게 임할 수 있다.

> **프로젝트 수업에서 학생 역할**
>
> + 질문하기
> + 조사하고 정리하기
> + 실수나 틀리는 것을 두려워하지 않기
> + 팀 활동에 기여하고 협력하기
> + 개인 과제 성실히 수행하기
> + 과제 시간 지키기
> + 정보를 공유하고 서로 배우기

동기 유발을 위한 첫 수업하기

양지인 선생님의 첫 수업 경험담을 들어보자. 양 선생님의 프로젝트 수업 핵심 목표는 '우리 고장의 실제 모습을 백지도에 나타내고 이를 고장 홍보 자료로 활용하자'이다.

"첫 수업으로 TV 예능 프로그램 동영상을 보여주고 놀이를 했어요. 동영상을 보여주니 학생들이 좋아했죠. 그런데 거기까지가 전부였어요. 학생들은 영상에만 관심을 보일 뿐 왜 자신들이 홍보 자료를 만들어야 하는 지에는 관심이 없었어요. 결국 프로젝트 수업 자체에 대한 동기를 유발시키지 못했어요. 그 후 '~에 가면' 놀이 활동을 했어요. 놀이를 하니 학생들이 어느 정도 흥미를 보였어요. 그러나 의도한 대로 지역의 중심지나 유명한 장소가 나오지는 않았어요. 사람들이 많이 오가는 주민센터에 최종 결과물인 홍보물을 게시한다고 학생들에게 말했어요. "우와!" 하며 좋아할 줄 알았죠. 그런데 학생들은 프로젝트 수업에 대해 더 큰 부담을 가진 듯 했어요. 이후로 프로젝트 수업이 끝날 때까지 학생이 자발적으로 프로젝트를 수행하기보다 교사가 지시한대로 수업이 이루어지는 느낌이 들었어요."

학생의 동기를 유발시킬 수 있는 가장 적절한 시기는 프로젝트 수업을 시작하는 첫 시간이다. 학생들은 프로젝트 수업 주제가 마음에 들면 첫 시간부터 적극적으로 참여 한다. 초두효과라고 해서 가장 먼저 받은 인상이 가장 오래 가기 때문이다. 그렇기 때문에 학생이 수업 초반에 흥미를 갖도록 하는 것이 무엇보다 중요하다.

양지인 선생님은 첫 수업에서 영상과 놀이를 활용했다. 하지만 학생들의 동기를 유발하는 데에는 성공하지 못했다. 영상과 놀이는 호기심을 끄는 도구일 뿐 그 자체로는 프로젝트 수업의 동기를 일으키지 못한다. 영상과 놀이에 대한 흥미보다 프로젝트 수업 자체에 대한 기대감을 갖게 하는 것이 더 중요하다. 만약 영상과 놀이를 활용한다면 프로젝트 수업 활동과 직접적인 관련이 있을 때 활용해야 한다.

학생들은 최종 결과물을 지역 주민센터에 게시한다는 사실에 걱정이 앞설 수도 있다. 결과물을 많은 사람들에게 공개했을 때 평가받는 느낌을 받을 수 있기 때문이다. 그리고 학생들은 공개 발표에 많은 노력이 든다는 것을 경험으로 알고 있다. 결과물을 공개할 것이라고 초반에 이야기해 주는 것보다 프로젝트 수업의 중반에 알려주거나, 프로젝트 수업의 성과가 좋을 경우 주민센터에 게시해 볼 수도 있다고 이야기해 주는 것이 좋다.

동기 유발을 위해 주제와 성격에 맞는 다양한 방법을 활용할 수 있다. 프로젝트 수업에서 자주 활용하는 동기 유발 방법 여섯 가지를 소개한다.

동기 유발을 위한 수업의 유형 6

자원 인사 초청하기

동기 유발을 위해 자원 인사를 교실로 초청할 수 있다. 자원 인사란 프로젝트 주제와 관련된 일을 하는 사람이나, 그 분야의 전문가 혹은 권위자, 전문적인 취미를 가진 사람, 관계자 등을 의미한다.

자원 인사는 가까운 곳에서 찾아보는 것이 좋다. 초청을 하기도 좋고, 협의하기에도 용이하기 때문이다. '원어민 선생님'과 '교장 선생님'과 같이 학교에서 일하는 분들을 가장 먼저 떠올려 보자. '축제 기획자'와 같이 우리 지역에서 주제와 관련된 전문적인 일을 하는 전문가

나 관계자를 찾아볼 수 있다. 프로젝트 수업 주제와 관련된 일을 하거나 전문적인 취미를 가진 학부모를 초청할 수도 있다.

현장 학습 활용하기

"이 프로젝트 수업을 위해 현장 학습을 갈 거예요"라는 말만 해주어도 학생들의 학습 동기는 높아진다. 현장 학습은 프로젝트를 실제 삶과 연결시키는 중요한 요소이다. 학교 주변에 우이천이라는 곳이 있다. 평상시에 학생들이 친구나 가족과 함께 자주 방문하는 장소이다. 학교와 가까운 곳이면서 쉽게 갈 수 있기 때문에 현장 학습 장소로 매우 좋다. 특히 재방문이 가능할수록 더 좋은 현장 학습 장소가 된다. 한 번만 방문해서 충분히 관찰하거나 만족스러운 정보를 얻을 수 없는 경우가 많기 때문이다.

'꿈나무 탐험대' 프로젝트 수업 중 우이천 현장 학습

기존 사례 활용하기

선배들이 작성한 기존 사례를 보여주면 학생들은 관심을 보인다. 학생의 발표 결과물을 보관해 놓으면 다음 해에 유용하게 활용할 수 있다. '내가 좋아하는 것' 프로젝트 수업을 소개할 때 255쪽의 그림 같이 이전에 선배들이 했던 사례들을 소개했다. 학교에서 그동안 공부하지 않았던 주제를 보여주면 학생들은 크게 관심을 보인다.

교사가 직접 갖고 있는 기존 사례가 없다고 실망할 필요는 없다. 또래의 초등학생이 실행한 프로젝트 사례를 소개해도 좋다.

《우리가 박물관을 바꿨어요!》 배성호 저, 초록개구리, 2016

위 책의 경우 배성호 선생님께서 학생들과 함께 수행한 프로젝트 수업 사례이다.

'초등학생들이 박물관 관람을 갔어요. 비가 오고 추운데 박물관 안에는 식사할 장소가 없었어요. 학생들은 박물관 옆 계단에서 비는 겨우 피했지만 바람을 맞으며 식사를 할 수밖에 없었죠. 학생들은 자신들이 내는 세금으로 지어진 박물관에서 도시락조차 먹지 못하는 현실에 큰 불편함을 느꼈어요. 그래서 박물관 관장님께 불편했던 점과 함께 자신들이 생각해낸 아이디어가 담긴 편지를 보냈어요. 학생들이 보낸 편지를 본 박물관 관장님은 박물관에 견학 온 학생들이 안락하게 식사할 수 있는 장소를 마련해주었어요.'

비록 수업을 하는 교사가 직접 실행한 사례는 아니지만 또래인 초등학생이 프로젝트를 실행했다는 측면에서 학생들과 공감대를 형성할 수 있다. "여러분과 같은 초등학생들이 선생님과 힘을 합쳐서 박물관을 바꿨어요. 여러분도 이렇게 해 볼 수 있지 않을까요?"라고 말하면 "우와 정말이요?"라고 하며 마치 자신들이 책 속의 주인공이 된 것처럼 반응한다.

메시지 전달하기

사람은 권위자의 말을 신뢰한다. 학생들도 마찬가지이다. 학교에서 찾아볼 수 있는 최고의 권위자는 교장 선생님, 교감 선생님이다. 교장 선생님이나 교감 선생님을 교실로 모셔서 프로젝트 수업과 관련한 말씀을 들어보면 좋다. 여건상 직접 모시기 어려운 경우에는 그분들이 전하는 메시지로 대체할 수 있다.

선생님이 '이런 프로젝트 수업을 하자'라고 하면 무언가 해야만 하는 과제처럼 느껴질 수 있다. 하지만 권위자가 권유하거나 부탁, 초대하는 메시지를 받게 되면 학생들은 적극적으로 프로젝트에 임하게 된다.

학생 관심사와 경험 연결 짓기

학생의 관심사나 학생의 경험을 프로젝트 수업 주제와 연결시키면 학생의 동기를 이끌어 낼 수 있다. 프로젝트 수업 주제를 정하고 나서 학생들이 관심을 가질만한 소재나 학생들이 겪었을 만한 경험을 떠올리고 프로젝트 수업과 연결시켜 보자.

마을 프로젝트 수업에서 학생들이 좋아하는 장소를 주제인 마을과 연결해서 '여러분이 좋아하는 장소는 어디인가요?' '가족과 추억이 있는 장소가 있나요?' '나만의 특별한 장소가 있는 사람?' 등의 질문을 했다. 학생들은 자신의 경험과 관련된 장소를 떠올리며 프로젝트에 큰 관심을 보였다.

프로젝트 이름 짓기

학생들과 함께 프로젝트 이름을 짓는 것도 프로젝트 수업에 애착을 갖게 하는 좋은 방법이다. 프로젝트 수업 첫 시간에 주제 소개와 함께 프로젝트 이름 짓는 시간을 갖는다. 한번은 학예회 프로젝트 이름을 '양은냄비 안에 빠진 오이'라고 지은적이 있었다. 이 프로젝트를 진행할 당시 학생들은 5학년 2반에 있었다. 담임교사의 초등학생 시절 별명인 '양은냄비'와 5학년 2반의 발음에서 따온 '오이'를 조합하여 프로젝트 이름을 만들었다. 학생들은 이 프로젝트 수업 이름을 무척이나 좋아했다. 프로젝트 수업 이름에 대한 애착은 프로젝트 수업 자체에 대한 애착으로 이어질 수 있다.

프로젝트 수업에서 유용하게 활용할 수 있는 여섯 가지 동기 유발 방법에 대해 알아보았다. 이 방법 이외에도 학생들의 동기를 유발시킬 수 있는 방법은 다양하다. 각 선생님들의 노하우를 동원해 다양한 방식으로 프로젝트 수업을 소개한다면 학생의 동기를 이끌어 낼 수 있을 것이다.

학생의 의견 프로젝트 계획에 반영하기

프로젝트 수업 계획은 교사와 학생이 함께 세운다. 먼저 계획의 틀을 짜는 사람은 교사이다. 교사가 교육 과정을 이해하고 있기 때문이다. 하지만 계획을 세우는데 학생의 참여가 없을 경우 학생의 자발성을 이끌어 내기 어렵다. 학생을 프로젝트 계획에 반드시 참여시켜야 한다.

학생과 함께 계획을 세운다고 할 경우 두 가지 염려가 있을 수 있다. 첫째는 과연 학생들이 계획을 세울 수 있는 능력이 있을까하는 문제이다. 이 문제는 교사가 학생들과 함께 계획을 세우면 자연스럽게 해결된다. 학생이 계획을 세울 때 교사가 진행자 역할을 하는 것이다.

둘째는 교과의 내용에서 너무 벗어나지는 않을까하는 점이다. 이 문제는 수업 방향을 먼저 결정한 후 학생들과 함께 계획을 세우면 된다. 수업의 핵심 목표가 되는 탐구 질문을 설정할 때 이미 프로젝트 수업 방향을 결정했다. 방향성을 결정한 상태에서 학생의 의견을 묻게 되면 학생들은 교사가 설정한 방향에 맞추어 의견을 제시하게 된다.

학생이 제기한 질문을 활용하면 프로젝트 계획에 학생을 참여시킬 수 있다. 학생의 의견을 프로젝트 계획에 반영하기는 '질문 나누기'와 '질문 모으기'의 단계로 이루어진다.

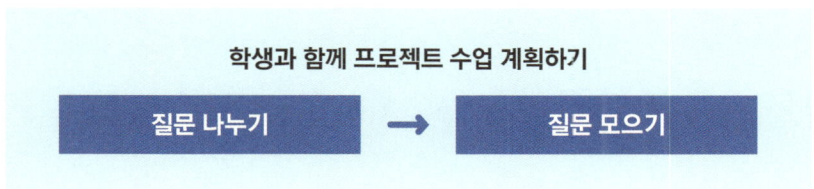

질문 나누기

학생과 교사가 질문을 제기하고 나누는 과정을 '질문 나누기'라 한다. 질문 나누기는 '탐구 질문 제시 → 탐구 질문 분석 → 주제 관련 자료 제시 → 학생 질문 작성'의 순서로 이루어진다.

질문 나누기

탐구 질문 제시하기 및 분석하기

학생이 달성해야 할 핵심 목표인 탐구 질문을 학생들에게 먼저 제시한다. 그 후 학생들이 프로젝트 수업 목표를 명확하게 이해할 수 있도록 돕기 위해 탐구 질문을 분석한다.

　탐구 질문을 분석하는 것은 탐구 질문에 활용된 단어의 의미를 명확히 하는 것이다. 예를 들어 탐구 질문이 '한반도의 평화를 위해 우리는 무엇을 할 수 있을까?'라고 하자. 이 질문에는 '한반도', '평화', '우리'라는 단어가 사용되었다. 한반도란 남한만을 의미하는 것인지, 남한과 북한을 통틀어 이야기하는 것인지 명확하게 생각해 볼 필요가 있다. '평화'가 무엇인지 의미를 파악해 보는 과정도 중요하다. '우리'라고 하는 것이 '우리 반 학생'을 의미하는지, 남한의 초등학생을 의미하는지 결정하는 것도 중요하다.

　탐구 질문을 분석한 후에는 학생 모두가 이해했는지 확인을 해야 한다. 탐구 질문의 의미를 학생들의 말로 다시 설명해 보게 하면 학생의 이해도를 파악할 수 있다.

주제 관련 자료 제시하기

학생의 배경 지식이 풍부한 경우에는 탐구 질문 분석 후 곧바로 학생에게 질문을 작성하게 해도 된다. 그러나 배경 지식이 부족할 경우 학생에게 바로 질문을 만들게 하면 피상적인 질문만 하게 될 가능성이 크다. 주제와 관련된 자료를 제시해 배경 지식을 넓혀주면 학생이 더 좋은 질문을 만들 수 있다.

　자료를 제시할 때에는 사진, 영상, 도서, 읽기 자료 등을 활용할 수 있다. 학생의 흥미와 수준에 맞고 수업 전체의 맥락을 잘 드러내 주는 자료를 활용해야 한다.

학생 질문(궁금한 점, 꼭 알아야 할 것) 작성하기

마지막으로 학생에게 질문을 작성하게 한다. 탐구 질문을 해결하기 위해서 꼭 알아야 할 것(Need to know)과 궁금한 점(Want to know)은 무엇인지 생각하고 개별적으로 작성하도록 한다. 이때 최대한 많은 질문을 작성하게 하는 것이 좋다.

이렇게 학생이 작성한 질문을 활용하여 프로젝트 수업 계획을 세운다. 프로젝트 수업 초반에만 질문을 받는 것이 아니라 프로젝트 수업 실행 도중에 생각나는 질문거리도 꾸준히 받아서 수업에 반영해야 한다. 탐구하다 보면 초반에 생각하지 못했던 중요한 질문이 생각날 수 있기 때문이다.

질문 모으기

질문 나누기를 통해 작성한 질문을 활용해 학생의 의견을 프로젝트 계획에 반영한다. 이를 '질문 모으기'라 한다. 그 순서는 다음과 같다.

학생 한 명당 '꼭 알아야 할' 질문 한 개를 선택하고 붙임쪽지에 적기

학생이 작성한 질문들 중 '꼭 알아야 할 내용'에 관한 질문을 학생별로 한 개씩 선택하게 한다. 선택하는 질문의 개수는 학급 학생 수에 따라 다르게 할 수 있다.

칠판에 붙임쪽지를 모은 후 유목화하기

선택한 질문을 붙임쪽지에 옮겨 적어 칠판에 모은다. 교사는 비슷한 내용별로 질문을 유목화한다. 질문 내용에 대해 함께 이야기 나눈다.

질문 모으기

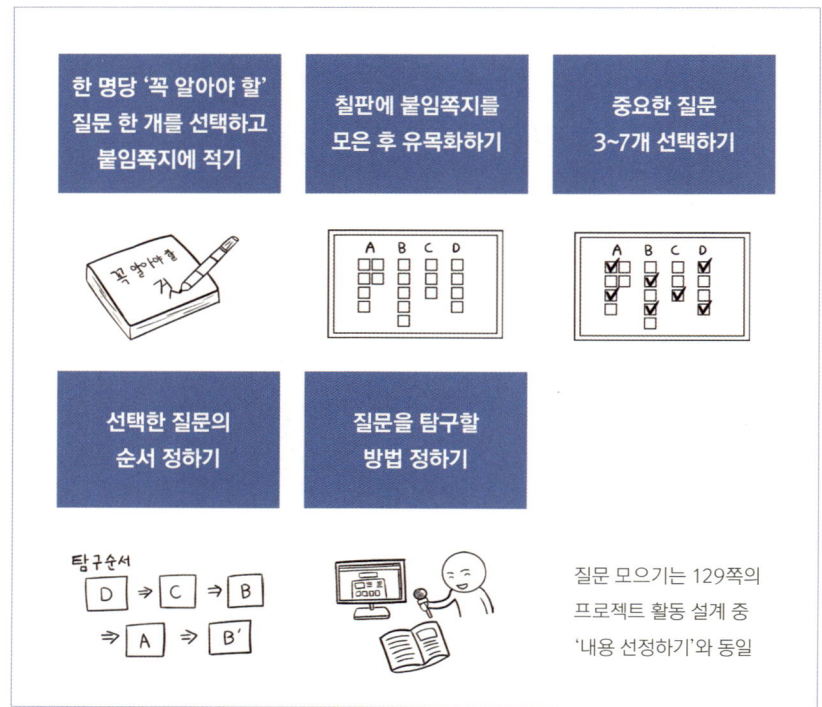

중요한 질문 3~7개 선택하기

이 중 학급 전체가 탐구해야 할 중요한 질문을 3~7개 선택한다. 중요한 질문을 선택하는 기준은 '탐구 질문을 해결하기에 적절한 질문은 무엇인가?'이다. 중요한 질문으로 선택되지 않은 질문들은 나중에 학생들이 선택하여 탐구할 수 있게 한다.

선택한 질문의 순서 정하기

중요한 질문을 모아 놓고 무엇부터 탐구해볼지 순서를 정한다.

질문을 탐구할 방법 정하기

각 질문별로 적절한 탐구 방법을 선택한다. 74쪽의 학습 활동 예시를 학생에게 제공하면 선택에 도움이 된다.

교사의 계획은 학생과 질문과 의견을 나누며 언제든지 수정 가능해야 한다. 만일 학생이 질문을 제기하지 못한 중요한 내용이 있을 경우 "어떻게 하면 이것을 해결할 수 있을까?"라고 말하며 교사가 즉석에서 질문을 끌어낼 수 있다. 하지만 교사가 처음부터 중요한 질문을 모두 끌어내는 것보다 프로젝트 실행 과정에서 학생이 중요한 질문을 발견하고 추가할 수 있는 여지를 남겨두는 것이 좋다.

질문 게시하기

질문 모으기를 하고 나면 학생이 제시한 질문을 반드시 게시해 주어야 한다. 잘 보이는 곳에 게시한 다음 자주 읽어봐야 한다. 학생들은 자신들의 생각이 프로젝트에 반영되는 것을 보며 흥미와 자부심을 갖게 된다.

학습 활동을 하고 난 후에는 질문과 함께 학습 결과물을 게시한다. 아래 표와 같이 질문 1번 아래에 질문 1에 대한 활동의 결과물 1을 게시하고, 질문 2 아래에 그 활동의 결과물 2를 게시한다. 이렇게 하면 학습의 흐름을 한눈에 파악할 수 있게 된다.

질문 1	질문 2	질문 3	질문 4	질문 5
결과물 1	결과물 2	결과물 3	결과물 4	결과물 5

2 탐구하기

학생에게 탐구 지도하기

'도입하기'를 통해 프로젝트의 목표를 확인하고 계획을 세웠다. 이제 계획에 따라 탐구를 실행할 차례이다.

탐구의 사전적 정의는 '필요한 것을 조사하여 찾아내거나 얻어냄'이다. 프로젝트 수업에서의 '탐구'를 다시 정의하면 '조사 및 연구 활동을 통해 탐구 질문에 대한 답을 찾는 과정'이라 할 수 있다.

프로젝트 계획 단계에서 설계한 필수 활동과 심화 활동을 탐구 단계에서 실행한다. 필수 활동과 심화 활동의 진행은 2부에서 다루었다. (필수- 심화 활동 100쪽 참고)

탐구 활동 = 필수 활동 + 심화 활동

필수 활동 단계에서는 교사가 주도적으로 학습을 이끌면서 기초적인 지식을 안내한다. 심화 활동 단계에서는 학생이 주가 되어 탐구를 실행한다. 필수 활동 단계에서 교사가 주도적으로 탐구 활동을 이끌기는 하지만 이 단계에서도 학생의 자발적 탐구는 매우 중요하다.

탐구 활동 과정에서 학생의 자기주도적인 탐구를 돕기 위해 '탐구 방법 가르치기', '학생 스스로 답을 찾게 하는 질문하기', '팀별 활동 지도하기'의 세 가지 방법을 활용할 수 있다.

탐구 지도 방법

+ 탐구 방법 가르치기
+ 학생 스스로 답을 찾게 하는 질문하기
+ 팀별 활동 지도하기

탐구 방법 가르치기

한승미 선생님은 컴퓨터를 활용하여 자료 조사를 하기 위해 컴퓨터실로 학생들과 함께 이동했다. 그런데 처음부터 예상치 못한 일이 벌어졌다. 컴퓨터의 전원을 어떻게 켜는지 모르는 학생들이 절반 이상이었다. 학생들이 스마트폰 조작에만 익숙했지 데스크탑 조작 경험이 없는 경우가 많았다. 결국 컴퓨터 조작에 익숙한 학생들의 도움을 얻어 겨우 부팅하는데 성공했다. 하지만 학생들은 원하던 정보 조사를 끝마치지 못하고 교실로 돌아와야 했다.

 프로젝트를 계획할 때 한 팀이 발표 방식으로 프레젠테이션을 선택했다. 당연히 프레젠테이션 프로그램을 활용할 수 있을 것이라 생각했다. 발표를 앞두고 결과물을 만드는 시간이 되었다. 학생은 "저 프레젠테이션 자료 만들 줄 모르는데요"라고 말했다. 프레젠테이션 만드는 법을 가르쳐주기에는 시간이 부족해 난감한 상황에 빠졌다.

 프로젝트 수업을 진행하다보면 예상치 못한 부분에서 막힐 때가 있다. 바로 학생들이 학습하는 방법을 모를 때이다. 학생이 학습하는 방법을 잘 알지 못할 경우 교사가 수업 시간을 따로 확보해서 가르쳐야 한다. 그런데 이러한 시간을 예상하지 못해 시간에 쫓겨 수업을 진행할 경우 프로젝트 수업의 완성도가 급격하게 떨어질 수 있다. 프로젝트 수업의 완성도를 높이기 위해서는 교사가 프로젝트 수업의 탐구 방법에 대해 자세히 안내해야 한다.

 탐구는 '조사 계획하기 → 조사하기 → 조직화하기'로 이루어진다.

탐구 과정

조사 계획하기	조사하기	조직화하기
- 조사 목적 확인 - 조사 내용 확인 - 조사 방법 선택	- 관찰 - 인터뷰(전문가, 온라인) - 인터넷 검색 - 도서 활용	- 선별하기 - 배치하기

조사 계획하기

원하는 정보를 얻기 위해서는 조사를 위한 계획을 먼저 세워야 한다. 조사 계획을 세울 때에는 조사할 목적, 내용, 방법을 확인해야 한다.

조사 계획의 순서와 방법

순서	방법
① 조사 목적 확인	"왜 조사하려고 하는가?"라는 질문에 답하기
② 조사 내용 확인	"알아야 할 것이 무엇인가?"라는 질문에 답하기
③ 조사 방법 선택	학습 활동 예시(74쪽)의 정보 입수 활동 목록에서 조사할 방법 선택하기

조사 목적 확인하기

조사 목적은 '왜 조사를 하려고 하는가?'를 결정하는 것이다. 학생들이 조사 목적을 명확히 알고 있을 때 실질적으로 필요한 정보를 얻을 수 있다. 애초에 조사하는 목적을 제대로 정립하지 않을 경우 학생들은 잘못된 정보를 찾는데 시간을 허비하게 된다.

  예를 들어 '한반도 평화'와 관련된 프로젝트 수업을 진행할 경우 학생들은 '한국 전쟁'에 대해 조사할 수 있다. 목적을 알아보기 위해 '왜 한국전쟁을 조사하려고 하는가?'라는 질문을 던질 수 있다. 그에 대한 답은 '한반도가 평화롭지 않게 된 원인을 파악할 수 있기 때문'이다. 따라서 조사 목적은 '한반도의 평화가 깨지게 된 원인을 찾기 위해 한국전쟁을 조사하는 것이다. 이렇게 조사할 목적이 분명해 져야 정보의 성격이 더욱 명확해 지고 조사 내용을 선정하는데 도움이 된다.

조사할 내용 확인하기

조사 내용을 확인하기 위해서는 "알아야 할 것이 무엇인가?"라는 질문을 할 수 있다. '한반도 평화가 깨진 원인을 찾기 위해 한국전쟁에 관해 알아야 할 것은 무엇인가?'에 대한 답으로 '한국전쟁의 원인, 한국전쟁의 경과, 한국전쟁의 결과, 한국전쟁이 우리 민족에게 미친 영향' 등을 조사 내용으로 선택할 수 있다.

조사 방법을 선택하기

원하는 정보를 얻기 위해서 다양한 방법으로 조사할 수 있다. 그러나 학생들은 아직 조사하거나 활동하는 방법에 대해 익숙하지 않다. 따라서 학생들에게 다양한 방법들을 소개하고 자신들이 필요한 정보를 얻을 수 있는 방법을 선택하게 할 수 있다. 74쪽의 '정보 입수 활동' 목록을 학생들에게 소개하며 이중에서 자신들이 원하는 방법을 선택해서 조사하고 활동할 수 있다고 안내해 준다.

조사하기

조사 계획을 마치고 나면 실제로 조사를 해야 한다. 조사 계획하기에서 학생들에게 조사하는 방법을 소개했다면 실제 '조사하기' 단계에서는 구체적으로 어떻게 해야 하는지에 대해 상세하게 안내해야 한다. 조사 방법 중 '관찰, 인터뷰, 온라인 인터뷰, 인터넷 검색, 도서 활용' 방법에 대해 알아보자.

관찰을 통해 조사하기

초등학교에서는 주로 동물이나 사물을 관찰하는 경우가 많으며 때에 따라 사회적 상황이나 현상을 관찰하기도 한다. 관찰을 잘하기 위해서는 사전에 무엇을 관찰하고 어떤 방법으로 관찰할지에 대한 계획을 세워야 한다. 관찰하기는 '관찰 계획 세우기 → 관찰하기 → 정리하기'의 순서로 실행한다.

관찰하기 방법

관찰 순서	내용	
1. 관찰 계획 세우기	관찰 기준 협의	무엇을 관찰할지에 대한 적절한 기준을 교사와 학생이 협의한다.
	관찰 방법 계획	관찰 방법에 따라 관찰 및 측정 도구를 준비한다.
2. 관찰하기	오감 활용 및 도구 활용	오감을 활용하거나, 감각을 확장시키는 도구를 사용한다. 필요할 경우 영상을 촬영하거나 사진을 찍을 수 있다.
	질문	호기심을 갖고 질문을 한다. 자신의 사전 지식이나 경험과 일치하지 않는 것에 주의를 기울인다.
	측정	중요한 요소는 도구를 활용하여 측정한다.
	유사점과 차이점	어떤 사물과 비교할 수 있는 다른 사물간의 유사점과 차이점을 찾아본다.
	변화	자연적인 변화나 변형을 시켜 나타나는 변화를 관찰한다.
3. 정리하기	관찰한 내용을 글, 차트, 도표, 그림 등의 방법으로 정리한다.	

〈초등학교 저학년 아동의 관찰 능력에 관한 연구〉 11쪽 재인용, 이순덕, 2013

관찰할 때 간단하게 학생들에게 제시할 수 있는 관찰 학습지의 형태는 다음과 같다.

관찰 학습지의 형태: 지렁이 관찰

관찰 내용	관찰에 대한 나의 생각	중요한 이유
지렁이는 축축한 흙에 산다.	지렁이는 물을 좋아한다.	지렁이는 물이 없으면 살기 어려울 것이다.

관찰 학습지에는 관찰한 내용을 쓰게 하고 관찰한 것에 대한 나의 생각을 쓰게 한다. 예를 들어 지렁이를 관찰 대상으로 할 경우 학생은 '지렁이는 축축한 흙에 산다'라고 관찰한 내용을 작성할 수 있다. 관찰한 내용에 대해 학생은 '지렁이는 물을 좋아한다'라고 추측해서 자신의 생각을 적는다. 그리고 관찰한 것이 왜 중요한지 생각해 보게 한다. 학생이 '지렁이가 축축한 흙에 사는 것'과 '물'과의 관련성에 대해 생각할 여지를 주고 의미를 부여할 수 있게 하는 것이다. 관찰의 목적은 오감으로 느끼는 감상에 더해 대상에서 의미있는 요소를 찾아내는 것에 있기 때문이다.

인터뷰 방식으로 조사하기

면담이나 전문가 초청 수업, 현장 학습은 대부분 전문가와 만나 질의응답하는 인터뷰 형식으로 이루어진다. 인터뷰 수업은 '사전 학습 → 인터뷰 → 사후 학습' 순서로 진행한다.

① 인터뷰하기

인터뷰하기

사전 학습	전문가 찾기	검색, 도서 등을 활용하여 전문가 선정
	인터뷰 요청하기	목적에 맞게 면담, 교실 초청, 영상 통화, e-메일 등의 방법으로 인터뷰 요청하기
	질문 작성 및 활용 방법 정하기	책과 인터넷에서 조사하기 어려운 내용 질문 작성하기
		질문에 대한 답을 활용할 방법 정하기
인터뷰	인터뷰하기	인터뷰 실시
사후 학습	결과 정리하기	조사한 자료를 요약, 그림, 표, 차트 등의 방법으로 정리하기

② 사전 학습

전문가와 인터뷰를 하기 위해서는 전문가를 찾고 인터뷰 약속을 잡아야 한다. 인터뷰 약속이 잡히면 필요한 질문을 작성하고 인터뷰에 응할 전문가에게 미리 질문지를 보낸다. 인터뷰 답변을 프로젝트 수업의 어느 부분에 활용할지에 대해 미리 결정해 놓으면 좋다. 그렇지 않으면 중요한 질문을 빠뜨려 나중에 다시 약속을 잡거나 현장 학습 장소를 재방문해야 하는 일이 생길 수도 있다.

중요한 질문을 교사와 상의해서 미리 결정해 놓으면 학생들이 자유롭게 질문할 수 있다.

아래 예시의 경우 보건소에서 담당자와 만나 인터뷰를 하기 위해 만든 학습지이다. 먼저 필수 질문 칸에 학생들과 상의하여 세 가지의 필수 질문을 제시했다. 그 아래에는 '우리가 만든 질문'이라는 이름으로 학생들끼리 협의하여 궁금한 점을 질문으로 작성했다. 이렇게 필수 질문

질문	답변
필수질문 ①이곳에 사람들이 오는 이유는 무엇인가요?	건강을 상담함
②이곳에서 사람들이 어떤 일을 하나요?	질병이 있는 분들을 치료해주고, 강염증이 없도록 노력
③우리 생활에 도움이 되는 점은 무엇인가요?	질병이 없도록 해서 건강해지고 행복하게 해줌
우리가 만든 질문 · 아이들이 아프다고 징징대면 어떻하나요?	영유아 빨리 주사를 놓고 달래줌
하루에 몇명정도 오시나요?	천명 (1000명)
어린이를 위해 운영하는 프로그램이 있나요?	어린이 건강 체험관 (튼튼)
오시는 분들중 가장 많이 앓고 있는 병은?	고혈압, 당뇨, 감핵
다이어트에 에너드음료을 좋나까?	신데이 파트

을 만들어 놓으면 학생들끼리만 작성했을 때 놓칠 수 있는 중요한 질문을 빠뜨리지 않으면서 학생이 궁금한 것을 자유롭게 물을 수 있다.

③ **사후 학습**

인터뷰가 이루어진 후에는 사후 학습을 진행해야 한다. 이때 조사한 자료를 그대로 활용하는 경우는 흔치 않다. 목적에 맞게끔 조사한 자료를 다시 요약하고 다듬어야 한다. 전문가 인터뷰를 할 때도 사전과 사후에 해야 할 일들이 많으므로 이를 고려하여 충분한 학습 시간을 확보해 놓는 것이 좋다.

온라인 인터뷰로 조사하기

전문가를 직접 만나기 어려울 경우에는 화상 통화나 SNS, e-메일을 통해 인터뷰를 진행할 수 있다. 학생들과 '내가 좋아하는 것' 프로젝트를 수행할 때 자신들이 좋아하는 캐릭터 작가와 포털 사이트 쪽지로 인터뷰를 진행하고, 그 내용을 공개한 적이 있다. 캐릭터를 만들게 된 이유부터 캐릭터의 이름을 짓게 된 과정까지 일반적으로 접할 수 없는 작가의 개인적인 이야기까지 들을 수 있었다.

인터넷 검색으로 조사하기

인터넷을 활용하여 정보를 검색하는 방법은 다음과 같다.

> ① 핵심 단어 선정하기
> ② 검색 방법 안내하기
> ③ 검색 사이트 안내
> ④ 정보 평가 및 출처 적기
> ⑤ 자료 저장하기

① 핵심 단어 선정하기

검색할 때에는 단어 위주로 검색을 하는 것이 좋다. 질문 모으기에서 나온 질문 중 검색하고자 하는 질문을 선정한 후 그 질문에서 핵심 단어를 선정한다.

질문(NW)
축구의 기본 기술에는 어떤 것이 있을까?
축구의 규칙에는 어떤 것이 있을까?

위 예시의 경우 탐색하고자 하는 질문은 '축구의 기본 기술에는 어떤 것이 있을까?'이다. 이 질문에 대해 조사하려고 한다면 먼저 핵심 단어라고 생각하는 것에 ○표시를 한다. 예시에서는 '축구'와 '기본 기술', '규칙'에 ○표시를 했다. 이 단어들이 질문의 핵심 단어이자 검색어가 된다.

② 검색 방법 안내하기

검색 창에 '축구', '축구 기본 기술', '축구 규칙' 이렇게 띄어쓰기를 활용해 단어를 조합하면 원하는 정보를 조금 더 쉽게 찾을 수 있다. '은, 는, 이, 가'와 같은 조사나 '이다, 하다' 등과 같은 서술어를 넣지 않는 것도 하나하나 안내해주어야 한다.

③ 검색 사이트 안내하기

학생들에게 신뢰할 수 있는 사이트와 신뢰할 수 없는 사이트를 미리 안내해 주는 것이 좋다. 백과사전 사이트나 뉴스, 그리고 저명한 그룹에서 운영하는 사이트는 신뢰할 만하다는 것을 학생들에게 알려준다.

④ 정보 평가 및 출처 적기

정보를 평가하는 첫 번째 기준은 '검색한 목적과 찾은 정보가 관련이 있는가?'이다. 질문을 해결하는데 도움이 되는 정보인지 확인해보면 된다. 두 번째 기준은 찾은 자료가 '믿을 만한가?'와 관련된 신뢰도의 문제이다. 신뢰도를 평가하기 위해서는 참고 문헌이나 참고 자료 목록을 게재하고 있는지, 사이트를 운영하는 주체가 그 분야에서 권위가 있는지 확인해야 한다.

⑤ **자료 저장하기**
자료를 모두 검색한 후에는 자료를 저장하는 방법을 안내한다.

도서를 활용해 조사하기
책은 조사 방법 중 가장 신뢰성이 높은 방법이다. 하지만 목적에 맞는 적절한 책을 고르기란 쉬운 일이 아니다. 따라서 교사가 사전에 프로젝트 수업 주제에 도움이 될 만한 책을 미리 선정해 놓고 학생에게 안내해 주는 것이 좋다.

조직화하기

지금까지 조사한 자료들이 중요도 측면에서 모두 동등한 가치를 갖는 것은 아니다. 어떠한 정보는 상대적으로 더 중요하기도 하지만 어떠한 정보는 없어도 크게 문제가 되지 않은 경우도 있다.

> 알게 된 것 중 중요한 것을 선별하고, 기준을 정해 특정한 형태로 배치해야 하는 데 이것을 '조직화'라 한다.[2]

> 조직화는 '나열 → 선별 → 배치'의 순서로 이루어진다.
> 조직화를 하기 위해서는 먼저 조사한 정보를 나열한다.

---

2 《과감히 덜어내는 힘 큐레이션》 마이클 바스카 저, 최윤영 역, 예문아카이브, 2016

'선별'이라 함은 우선순위를 부여해서 가치를 결정하는 일이다. 가치를 결정하기 위해서는 기준이 있어야 한다. 프로젝트 수업에서의 기준은 항상 탐구 질문이 된다. 탐구 질문을 해결하는데 도움이 되는지 확인 한다.

'배치'는 중요한 것을 중심이나 처음에 배치하는 것을 말한다. 어디에 배치하는가에 따라 정보의 가치가 결정된다. '선별' 단계에서 우선순위가 높은 정보는 처음이나 중심에 배치한다. 이때 조사한 내용을 그대로 활용하기보다 자신이 이해할 수 있는 말로 고쳐 쓰게 해야 한다.

마지막으로 출처를 밝히면 탐구 과정이 마무리 된다.

학생 스스로 답을 찾게 하는 질문하기

프로젝트 수업을 진행하다 보면 학생 스스로 문제나 과제를 해결할 수 없을 때가 있다. 이때 교사가 답을 주면 학생의 자발성은 떨어진다. 다음에도 교사가 답을 줄 것이라 기대하기 때문이다. 따라서 교사는 학생들에게 답을 주기보다 단서를 주거나 질문을 해서 학생 스스로 과제나 문제를 해결할 수 있도록 도와야 한다.

학생 관찰하기
학생에게 적절한 도움을 주려면 교사는 학생이 학습하는 모습을 세심하게 관찰해야 한다. 특히 학생들이 학습할 때 어려워하는 점이 무엇인지 교사가 학생의 입장에서 문제를 바라보아야 한다.

학생 스스로 답을 찾게 하기 위한 질문

학생 관찰을 통해 얻은 정보를 바탕으로 교사는 학생이 스스로 학습을 이끌어 나갈 수 있도록 도움을 줄 수 있다. 교사는 학습 내용에 대한 질문을 할 것인지, 아니면 학습 방법에 대한 질문을 할 것인지 선택해야 한다.

내용에 관한 질문[3]

- 이것의 뜻은 무엇인가요?
- 더 알아야 할 것은 없나요?
- 지금까지 학습한 내용을 모두 검토해 보았나요?
- 문제 해결에 필요한 모든 요소를 결과물과 해결책에 포함시켰나요?

방법에 관한 질문

- 모든 팀원이 프로젝트의 목적을 이해했나요?
- 문제를 해결하기 위해 어떤 단계를 거쳐야 할까요?
- 어떤 자료를 더 찾으면 문제를 해결할 수 있을까요?
- 제시한 해결책과 결과물에 대해 모든 팀원이 동의했나요?

---

3 《학습자의 학업적 자기 조절, 집단 효능감과 교수자의 스캐폴딩이 프로젝트학습의 학습 참여 및 학업 성취에 미치는 영향》허희옥, 양영선, 교육과학연구, 2016

팀별 활동 지도하기

프로젝트 수업의 경우 개인보다는 팀으로 활동하는 경우가 많다. 하지만 학생들은 팀별로 활동할 때 무엇을 해야 할지 몰라 시간을 낭비하곤 한다. 교사는 팀 활동 절차를 안내하고 '프로젝트 실행 점검표'를 활용하여 학생들의 팀 활동을 점검하고 지원할 수 있다.

팀 활동 절차 안내하기

팀 활동 시간마다 교사는 그 시간에 무엇을 어떻게 해야 하는지 학생에게 자세히 안내해주어야 한다. 팀 활동은 '목표 및 과제 확인 → 역할 분담 → 팀 활동 수행 → 결과 확인'의 순으로 진행한다.

팀 활동 절차	목표 및 과제 확인 → 역할 분담 → 수행 → 결과 확인

목표 및 과제 확인

팀 활동을 할 때는 학생들이 그 시간에 무엇을 해야 할지 명확히 알아야 스스로 활동을 진행할 수 있다. 따라서 교사는 학생들과 함께 해당 시간의 목표를 확인해야 한다. 목표를 확인할 때는 탐구 질문을 읽어보며 전체 목표를 확인한 후 이전 활동과 오늘 활동을 연결시키며 전체적인 맥락을 파악하도록 한다. 그 시간에 달성해야 할 목표를 판서해 놓으면 목표 확인에 도움이 된다. 목표 확인 후에는 오늘 해야 할 과제를 확인한다. 과제란 목표를 이루기 위해 학생들이 직접적으로 수행해야 하는 일이다.

역할 분담

팀별 활동을 할 때 팀원들은 모두가 적극적으로 활동에 참여하되 자신의 강점과 역량에 맞게 팀에 기여해야 한다. 현실에서 역할 분담을 할 때 모든 팀원들이 같은 일을 똑같이 나누어 하는 경우는 드물다. 자신이 잘하는 것이 있으면 일을 더 하기도 하고, 다른 팀원의 도움을 받아 일을 덜 하기도 한다. 과제를 균등하게 나누어 하는 것보다 상황에 따라 융통성 있게 역할을 분담하는 것이 더 효율적일 수 있다. 역할 분담이 단순히 일을 균등하게 나누는 것이 아님을 학생들에게 안내하고 이해시켜야 한다.

역할 분담 방법은 다음과 같이 교사가 안내해 줄 수 있다.

> **역할 분담 순서** | 해야 할 일 목록 작성하기 → 목록을 인원수로 나누기 → 분담 및 만족 묻기

역할 분담을 해야 할 때는 먼저 해야 할 일의 목록을 작성한다. 해야 할 일의 목록을 편의상 내용별, 기능별, 자율별로 구분할 수 있다. 내용이 명확하게 구분되는 경우에는 내용에 따라 역할을 나눌 수 있다. 예를 들면 전통문화를 공부할 때에는 '의생활, 식생활, 주생활'로 나누어 역할을 분담한다. 학생이 수행하는 기능으로 역할을 나누는 것이 적절할 때가 있다. 이 경우 '그리기, 자르기, 붙이기' 등으로 역할을 나눌 수 있다. 이 두 가지를 혼합하여 '그리기, 아이디어 내기, 내용 정리하기' 등으로 역할을 나눌 수도 있다.

역할 분담 시 해야 할 일 목록 작성 기준

내용별	기능별	자율별
- 의생활 - 식생활 - 주생활	- 그리기 - 자르기 - 붙이기	- 그림 - 아이디어 - 내용 정리 - 만들기

목록을 작성하고 난 후에는 목록에 따라 적정한 인원수로 해야 할 일을 나눈다. 역할 분담 결정에 자신의 의견이 반영되지 않을 경우 종종 다툼이 발생한다. 이를 예방하기 위해 역할 분담을 한 후에 반드시 자신이 맡은 역할에 만족하는지 확인하도록 해야 한다. 자신의 역할을 다하고 나면 다른 팀원의 작업을 돕도록 약속한다.

결과 확인하기

프로젝트 수업 발표 직전에 어느 한 팀의 과제 수행 속도가 너무 느려서 발표를 못하고 학급 전체가 그 팀이 완수할 때까지 기다렸던 경험이 있다. 전체 활동과 다르게 팀별 활동은 팀마다 진행 속도가 다르다. 어느 한 팀의 과제 수행 속도가 과하게 늦어질 경우 전체 진행에 큰 영향을 미친다.

이를 예방하기 위해 팀 활동 후 활동 결과를 학생들이 스스로 확인하게 한다. 그 후 교사가 한 번 더 확인해 준다. 이때 '프로젝트 실행 관리 점검표'를 활용하면 효과적이다.

프로젝트 실행 점검표 예시

팀이름	이름	계획 세우기	탐구준비	탐구과정 및 결과			발표준비 및 연습	돌아보기 및 평가
				교과서 내용 정리				
한복	○○○	○	○	○				
	○○○	○	○					
	○○○	○	○	○				
	○○○	○	○	○				
놀이	○○○	○	○	○				
	○○○	○	○	○				
	○○○	○	○	○				
	○○○	○	○	○				
음식	○○○	○	○					
	○○○	○	○	○				
	○○○	○	○	○				
	○○○	○	○	○				
미술	○○○	○	○	○				
	○○○	○	○					
	○○○	○	○	○				
	○○○	○	○	○				

프로젝트 실행 점검표의 가장 왼쪽에는 팀 이름을 적는다. 각 팀별로 '한복, 놀이, 음식, 미술'이라는 주제를 맡았다. 이름 칸에는 팀별로 소속된 학생의 이름을 적는다. 이름 옆에는 '계획 세우기 → 탐구 준비 → 교과서 내용 정리… → 발표 준비 및 연습 → 돌아보기 및 평가'와 같이 프로젝트 수업 순서가 적혀 있다. 각각의 활동별로 학생들이 학습을 완수했는지를 점검할 수 있다. 과제를 완수한 학생 칸에는 ○표시를 한다. 빈칸은 아직 과제를 완수하지 못했음을 의미한다.

빈칸이 많아지면 학생 간, 팀 간에 속도차가 많이 난다는 증거이다. 빈칸이 많이 생기지 않도록 그때그때 학생을 격려하거나 책임을 부여해야 한다.

TIP 교실 환경 꾸미기

프로젝트 수업을 원활히 진행하기 위해서는 그에 맞는 절차와 학습 방법을 적절히 학생들에게 안내해주어야 한다. 자주 활용하는 절차나 원칙을 게시하면 교사와 학생이 프로젝트 수업을 진행하는 데 도움이 된다.

게시하면 좋은 것
- 탐구 질문과 학생 질문
- 수업 약속
- 팀 활동 절차
- 프로젝트 달력
- 학습 자료(별도의 학습 코너)
- 시각화 자료(수업 기록 및 결과물)

수업 약속 게시하기

프로젝트 수업에서 학생들에게 가장 중요한 덕목은 도전과 협력이다. 배움을 위한 문화 조성을 위해 만든 수업 약속을 게시하고 1년 동안 매일 강조하다보면 학생들은 무의식적으로 그 이야기를 떠올리게 되고 자신도 모르게 가치를 수용하게 된다.

　도전과 협력의 문화 만들기 수업을 한 후 다음과 같이 수업 약속을 정하여 교실에 게시할 수 있다.

도전의 약속	협력의 약속
– '아직'의 힘을 믿어요. – 나는 더 잘할 수 있다. – 실수는 중요하다.	– 가까이 앉는다. – 바라본다. – 긍정적으로 말한다. – 동등하게 말한다. – 감사의 표현을 한다.

프로젝트 달력 게시하기

프로젝트 수업을 진행하다 보면 가장 많이 발생하는 문제가 학생들이 활동을 시간 안에 완수하지 못하는 것이다. 시간이 오래 걸릴수록 학생들은 부담을 갖게 되고 학생의 자발적인 참여가 이루어지기 어렵게 된다.

프로젝트 달력이란 프로젝트 수업의 전체적인 일정을 적어놓은 달력이다.

프로젝트 달력 예시

프로젝트 달력을 학생들과 함께 보며 전체 일정을 공유한다. 이를 통해 학생들은 전체 일정에 맞추어 개별 활동을 시간 안에 끝마쳐야 함을 이해한다. 더불어 스스로 시간을 관리하는 연습 할 수 있다. 교사 또한 프로젝트 달력을 보며 주기적으로 일정을 체크할 수 있다.

학습 자료 비치하기

프로젝트 수업은 수업 시간에만 실시되는 것이 아니다. 학생들이 프로젝트 수업에 흥미를 갖게 되면 자발적으로 활동한다. 이러한 자발성을 뒷받침 해주기 위해서 학생들이 원할 때 학습할 수 있는 환경을 만들어 주면 좋다. 교실 한쪽에 책상이나 테이블을 놓고 그곳에 학생의 흥미를 끌만한 책, 잡지, 전문 서적, 실물, 포스터 등을 비치해 놓으면 된다.

태양계 프로젝트의 경우 '맛있는 과학-태양계, 우즈 대여행, 우주에도 위와 아래가 있나요? 행성 이야기(태양계의 아홉 신화)'와 같은 책과 태양계 사진과 모형을 교실 한쪽의 테이블 위에 비치해 두었다. 학생들은 이곳에서 쉬는 시간에도 태양계와 관련된 책을 보고 이야기를 나누며 프로젝트 수업에 몰두하는 모습을 보여주었다.

3 배움 다지기

유의미한 학습을 위한
배움 다지기

프로젝트 수업에서 가장 중요한 것은 학생의 배움이다. 학생이 깊이 있는 이해에 도달할 수 있도록 교사는 구체적인 전략을 수립해야 한다. 탐구 과정에서 배움을 다지는 구체적인 방법에는 '학습 과정 시각화하기, 탐구 과정과 결과 파악하기, 중간발표 및 개선하기'가 있다.

학습 과정을 시각화하기

교사가 프로젝트 수업을 처음 실행할 때 가장 많이 하는 실수 중 하나는 학생이 프로젝트 수업 전체의 흐름을 파악하도록 하지 못하고 활동을 하나하나 분절적으로 수행하는 것이다. 학생들은 긴 시간 동안 학습하는 프로젝트 전체의 맥락을 잘 이해하지 못한다. 교사는 학생들이 프로젝트 수업의 전체 맥락을 파악하고 학습 과정을 이해할 수 있도록 도와야 한다.

학습 과정과 결과를 게시하여 학습 흐름 시각화하기

학생에게 프로젝트의 맥락과 흐름을 이해시키기 위해서는 학습 과정 기록과 결과물을 게시해야 한다.

아래 사진의 경우 '감정 프로젝트 수업'에서 각각의 활동을 게시판에 게시한 모습이다. '질문나누기' 활동부터 시작하여 '나를 사랑하기' 활동까지 어떻게 프로젝트 수업을 했는지 한눈에 파악할 수 있다. 활동을 할 때마다 각각의 활동에 대한 설명과 함께 게시판에 게시하면 학생들에게 프로젝트 수업 전체의 흐름을 보여줄 수 있다.

이희재 선생님의 '감정의 집' 프로젝트

학습의 흐름을 눈에 보이게끔 정리하고 나면 학생들이 학습 과정에서 어떤 배움을 얻었는지 확인하기가 쉬워진다. 학습의 흐름이 시각화되어 한눈에 보이기 때문이다.

게시판에 게시할 자료 결정하기

자료를 게시할 때에는 모든 결과물이나 작품을 게시하는 것이 아니라 특정한 결과물을 선택해서 게시하는 것이 좋다. 의도에 따라서 어떠한 자료를 게시할지 교사가 선택해서 활용하면 과정에서의 배움을 촉진시킬 수 있다.

학생들 모두가 알아야 할 중요한 내용일 경우 그 내용을 게시할 수 있다. 프로젝트 수업의 장점 중 하나는 차시 단위 학습에서 부진을 면치 못하는 학생이 프로젝트 수업 과정에서 두각을 나타낼 수 있다는 점이다. 학생의 '동기 부여'를 위해 특정 학생의 작품을 선택하여 게시할 수 있다. 학생 작품 중 창의적인 아이디어나 좋은 예시 작품을 다른 학생들과 함께 공유하게 되면 학습에 도움이 된다.

게시할 자료의 결정 기준

- 중요한 내용
- 학생 동기 부여를 위한 결과물
- 창의적인 아이디어나 예시 작품

게시할 자료를 결정했다면 다음 사항을 참고하여 내용을 작성한 후 교실에 게시해 보자.

게시물에 포함할 수 있는 내용[4]

① 주제나 제목

② 전반적인 이론적 철학적 설명

③ 주제나 활동의 목적 및 이유

④ 관찰하고 기록하는 아동의 학습 과정에 대한 서술

⑤ 교사와 학생이 했던 중요한 말과 경험에 대한 기록

⑥ 아동의 활동 사진

⑦ 아동의 경험과 활동의 이론적 철학적 분석

⑧ 이후 일어날 학습 활동을 위한 진술

⑨ 결론

실제 교실에 시각화한 게시판 모습

이순화 선생님의 '선사시대' 프로젝트

---

4 《프로젝트 접근법-레지오 에밀리아의 한국 적용》 50쪽, 유승희, 성용구, 양서원, 2011

탐구의 과정과 결과 파악하기

탐구할 때 떠올린 질문과 탐구한 방법, 탐구를 할 때 얻은 결과를 학생과 함께 살펴보면 학생이 자신의 학습 과정을 파악하도록 도울 수 있다.

탐구의 과정과 결과를 파악하기 위해서 학생과 함께 공책에 '탐구 준비'와 '탐구 방법 및 결과'를 작성한다. 공책의 왼쪽에 '탐구 준비'에 해당하는 '궁금한 점, 답변 예측, 탐구 방법 예측' 내용을 작성하게 한다. 공책의 오른쪽에는 탐구를 한 후 얻게 된 '탐구 결과'와 그 결과를 얻기 위해 사용한 '탐구 방법'을 작성한다. (필요할 경우 부록에서 제공하는 '학생 탐구' 양식을 다운로드 받아 활용해도 된다.)

탐구 과정과 결과를 파악하기 위해 공책에 작성할 내용

공책의 왼쪽 면		
탐구 준비		
1. 궁금한 점	2. 답변 예측	3. 탐구 방법 예측
질문 적기	질문에 대해 예측한 답변 적기	질문을 탐구하기 위한 방법을 예측하여 적기

공책의 오른쪽 면	
탐구 방법 및 결과	
4. 탐구 결과	5. 탐구 방법
질문을 조사하여 정리한 결과를 적기	질문을 조사할 때 활용한 방법 적기

탐구 준비하기

탐구 준비하기란 탐구를 수행하기 전에 궁금한 점을 적고 그에 대한 답변과 탐구 방법을 예상하는 과정이다. 탐구 준비를 하면 무엇을 조사하고 연구해야 하는지 명확해진다.

먼저 공책의 왼쪽 면에는 위의 예시와 같이 '1. 궁금한 점, 2. 답변 예측, 3. 탐구 방법 예측'이라고 쓰게 한다. 질문 모으기를 통해 선택된 학생 질문을 '궁금한 점' 항목에 작성하게 한다. 지렁이 프로젝트의 경우 '물이 어느 정도 있어야 잘 살 수 있을까?', '어떤 음식을 먹는가?'와 같은 질문을 아래와 같이 작성한다. 중요한 질문 아래에는 우선순위가 낮아서 선택받지 못했거나, 학생 개인적으로 궁금해 하는 질문을 적게 한다. '지렁이의 수명은?'과 같이 학생이 개인적으로 관심이 있는 질문이다. 이러한 학생 선택 질문을 1~3가지 정도를 적게 할 수 있다. 프로젝트 수업을 진행하면 추가적으로 중요한 질문이 생긴다. 중요한 질문이 생길 때 마다 궁금한 점에 추가하도록 한다.

1. 궁금한 점
- 물이 어느 정도 있어야 잘 살 수 있을까? - 어떤 음식을 먹는가? - 지렁이가 살기 적당한 온도는? - 어떻게 번식하는가? - 지렁이는 인간에게 어떤 영향을 미치는가?
- 지렁이의 수명은?

← 중요도가 높은 질문

← 중요도가 낮으나 학생이 관심을 갖는 질문

과학 실험에서 가설을 세우고 실험을 통해 가설을 증명하듯이, 질문을 적은 후에는 본격적인 학습에 들어가기 전에 학생들이 질문에 대한 답을 미리 예측해 보게 한다. '2. 답변 예측'은 과학에서 활용하는 가설과 비슷한 역할을 한다. 학생들이 미리 자신의 답변을 예측해 보게 하면 실제 학습 결과를 확인하기 위해 몰입할 수 있다. 사람은 자신이 의사 결정한 사항에 대해서 확인해 보고 싶은 욕구가 있기 때문이다. '지렁이의 수명은?'에 대한 예측으로 '1년'이라고 답변해 봄으로써 실제 지렁이의 수명이 어떨지에 대해 더욱 관심을 갖고 학습할 수 있다.

1. 궁금한 점	2. 답변 예측
– 물이 어느 정도 있어야 잘 살 수 있을까? – 어떤 음식을 먹는가? – 지렁이가 살기 적당한 온도는? – 어떻게 번식하는가? – 지렁이는 인간에게 어떤 영향을 미치는가? – 지렁이의 수명은?	– 흙이 늘 젖은 상태에서 살 것이다. – 짠 음식 빼고 모두 – 20~23도 정도가 적당할 것이다. – 알을 낳을 것이다. – 좋은 영향을 줄 것이다. – 1년

이제 궁금한 점을 탐구할 방법에 대해 예상해 볼 차례이다. 탐구 방법이란 질문에 대한 답을 찾기 위해 탐구에 활용한 방법을 의미한다. 학생이 탐구 방법을 선택할 수 있도록 학습 활동 예시(74쪽)의 정보 입수 활동과 정보 표현 활동을 안내한다. 처음에는 학생들이 조사-탐구 방법을 몰라서 어려워하기 때문에 교사가 방법을 안내하고 작성하게 한다. 이후 학생들이 프로젝트 경험을 통해 익숙해지면 점진적으로 탐구 방법을 스스로 선택하도록 할 수 있다.

'지렁이'가 주제인 프로젝트 수업의 경우 탐구 방법으로 관찰, 도서(동물도감), 면담(농업연구소 연구원 면담), 인터넷 검색의 방법을 활용할 것이라 예상해 보았다. 예측 해본 탐구 방법을 질문 공책의 왼쪽 면 '3. 탐구 방법 예측'란에 적는다.

1. 궁금한 점	2. 답변 예측	3. 탐구 방법 예측
- 물이 어느 정도 있어야 잘 살 수 있을까? - 어떤 음식을 먹는가? - 지렁이가 살기 적당한 온도는? - 어떻게 번식하는가? - 지렁이는 인간에게 어떤 영향을 미치는가? - 지렁이의 수명은?	- 흙이 늘 젖어 있는 상태에서 살 것이다. - 짠 음식 빼고 모두 - 20~23도 정도가 적당할 것이다. - 알을 낳을 것이다. - 좋은 영향을 줄 것이다. - 1년	- 관찰 - 동물도감 - 농업연구소 연구원 면담 - 인터넷 검색

'탐구 방법 및 결과' 정리하기

탐구 결과 작성하기

학생은 각각의 학습 과정과 결과를 통합하여 탐구 질문에 대한 해답을 도출하는 데 이를 탐구 결과라 한다. 탐구 결과는 공책의 오른쪽 면에 작성한다.

다음의 예시처럼 탐구 준비에서 나온 '물이 어느 정도 있어야 잘 살 수 있을까?'의 질문에 대한 학습 결과인 '흙 중 수분이 60~70%가 있어야 잘 살 수 있다'를 탐구 결과 란에 적는다. 이렇게 적어 본 후 탐구 준비에서 학생 자신이 예측한 답변인 '흙이 늘 젖어 있는 상태'와 실제 학

공책의 왼쪽 면			공책의 오른쪽 면	
탐구 준비			**탐구 방법 및 결과**	
1. 궁금한 점	2. 답변 예측		4. 탐구결과	
물이 어느 정도 있어야 잘 살 수 있을까?	흙이 늘 젖어 있는 상태	→	흙 중 수분이 60~70%가 있어야 잘 살 수 있다	
어떤 음식을 먹는가?	짠 음식 빼고 다 ~흙 안의 작은 곤충, 미생물		과일 껍질 등 음식물 찌꺼기, 소금기 없는 것, 단맛을 좋아함	
지렁이가 살기 적당한 온도는?	20~23℃		15~25℃	

습 결과인 '흙 중 수분이 60~70%가 있어야 잘 살 수 있다.'를 비교해 볼 수 있다. 비교를 통해 예측이 맞았는지 점검해 볼 수 있고, 새롭게 알게 된 것이 무엇인지 쉽게 파악할 수 있다.

탐구 방법 작성하기

학생이 활용한 탐구 방법을 되돌아보고 작성해 보는 것은 두 가지 차원에서 의미가 있다. 첫 번째로 학생들이 탐구 방법에 대해 학습할 수 있게 한다. 처음에는 교사가 안내한 대로 학습 방법을 선택했다면 차츰 학생들이 스스로 학습 방법을 선택할 수 있게 된다.

두 번째로 탐구 결과가 적절한 방법으로 탐구되었는지 신뢰도를 평가할 수 있다. 예시의 '어떤 음식을 먹는가?'의 경우 '관찰'만으로는 올바른 탐구 결과를 얻지 못할 수 있다. 이를 보충하기 위해 신뢰도가 높은 사이트를 검색하거나 전문가 면담을 통해서 정보를 얻는다면 탐구 결과의 신뢰도가 높아질 수 있다.

아래 예시에서 지렁이가 '어떤 음식을 먹는가?'에 대한 답을 찾기 위해 활용한 탐구 방법은 관찰과 인터넷 검색이다. 이를 공책의 오른쪽 면 '5. 탐구 방법'란에 작성한다.

탐구 방법 및 결과	
4. 탐구 결과	5. 탐구 방법
어떤 음식을 먹는가?	– 관찰 : 교실의 지렁이 사육함에서 음식물을 직접 넣어놓고 관찰 – 인터넷 검색 : N사이트 지식백과 '지렁이' 검색

'탐구 방법 예측'과는 다르게 탐구 활동 후 '탐구 방법'을 작성할 때에는 자신이 활용한 방법을 구체적으로 작성하도록 한다. 단순히 '관찰', '책'이라 적으면 그리 도움이 되지 않는다. 탐구 방법이 관찰일 경우 관찰 장소와 관찰 방법을 구체적으로 적게 해야 한다. 이렇게 하면 학생들이 탐구한 과정을 구체적으로 확인할 수 있을 뿐 아니라 다음에 어떤 방법으로 탐구할지 방법을 선택할 때 참고할 수 있는 자료가 된다. 탐구 방법이 도서일 경우 책의 제목과 인용한 쪽수를 기재하도록 한다. 전문가와 면담을 했을 경우 그 사람이 일하는 곳은 어디이고 그곳에서 연구하는 분야가 어떤 분야인지 밝히도록 해야 한다.

중간발표 및 개선하기

미국의 교사인 론 버거(Ron berger)는 초등학교 1학년 학생들에게 동년배인 오스틴이 처음으로 그린 나비 그림을 보여준다. 오스틴은 나비 서식지를 마련하기 위한 기금 모금을 위해 판매할 나비 그림을 그렸다. 오스틴이 그린 첫 나비 그림(다음 쪽의 1번 그림)은 여느 초등학생이 그린 그림과 마찬가지로 실제 나비를 많이 닮지 않았다.

론 버거는 오스틴이 실제 나비를 닮게 그리려면 어떻게 해야 하는지 참여 학생들에게 의견을 물었다. 학생들은 오스틴의 작품을 보며 작품을 어떻게 개선해야 하는지 오스틴의 친구들이 했던 것처럼 의견을 낸다. "사진에서 보이는 나비의 날개는 삼각형 모양인데 오스틴은 날개를 동그랗게 그렸어요." 오스틴은 이러한 방식으로 친구들의 피드백을 기쁘게 받아들이고 다시 나비 그림을 그렸다고 한다. 다시 그린 작품의 향상된 점을 친구들이 인정하고 다시 피드백해 주는 방식으로 오스틴은 여섯 번을 고쳐 나비 그림을 완성한다.

교사가 오스틴이 그린 여섯 번째 나비 그림을 보여주자 학생들은 탄성을 지른다. 1학년이 그린 나비 그림이라고 믿겨지지 않을 정도로 잘 그렸기 때문이다.[5]

---

5 《Leaders of their own learning》 p167, Ron Berger, Jossey-Bass, 2014

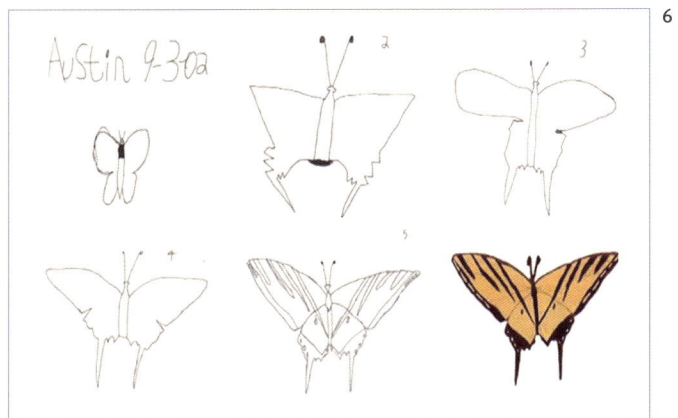

여기서 학생들과 함께 오스틴의 작품을 관찰하고 비평하는 것은 일종의 학생이 참여하는 형성 평가라 할 수 있다. 평가 후 즉시 향상을 위한 피드백을 줌으로써 학습 결과물을 학생이 스스로 개선하게 할 수 있다.

학생 평가를 통해 학습 결과를 개선하는 방법

학생을 형성 평가에 참여시키기 위해 '모범 결과물 평가'와 '동료 평가'의 방법을 활용할 수 있다.

모범 결과물 평가하기[7]

학생이 좋은 결과물을 만들어내길 원한다면 교사는 학생들에게 모범

---

6 https://groveacademy.co.uk/inspiration/butterfly/ 캡쳐
7 《프로젝트 학습 초등교사를 위한 안내》 Sara Hallermann 외, 아카데미 프레스, 2014

이 되는 결과물을 보여줘야 한다. 모범 결과물에는 교사가 원하는 결과가 무엇인지 명확하게 드러나 있기 때문이다. 학생들은 모범 결과물을 검토하여 알게 된 점을 자신의 결과물에 어떻게 반영할지 생각할 수 있다.

모범 결과물 평가 방법

① 평가 목적 확인하기	예 : 모범적인 사례를 통해 배울 점 찾기
② 평가 원칙 정하기	예 : 친절하게 말한다. 근거를 명확히 한다. 도움을 줘야 한다.
③ 모범 결과물 선택하기	학생의 결과물 중 모범적인 사례를 선택한다.
④ 평가하기	교사의 인도 하에 학생들이 어떤 점이 작품의 질을 높였고 부족한 부분이 어디에 있는지 살펴보도록 한다. 작품의 질을 높인 특징에 이름을 붙인다. 이름을 붙이면 이후에도 지속적으로 그 특징을 상기시킬 수 있다.
⑤ 평가 내용 정리 후 다음에 할 일 정하기	평가한 내용을 모아 정리한다. 이를 바탕으로 나의 작품을 어떻게 개선할지에 대한 계획을 세운다.

동료 평가의 장점과 필요성 느끼게 하기

처음 동료 평가를 할 때는 오스틴의 나비(Austin's butterfly 영상은 유튜브로 검색해서 볼 수 있다.) 이야기를 활용하여 동료 평가의 장점을 먼저 알려줄 필요가 있다. 학생이 평가를 통해 안 좋은 경험을 갖고 있다면 평가 자체를 두려워할 수 있기 때문이다.

동료 평가의 장점을 알게 하는 수업

① 영상 보기 (예시 작품 보여주기)	오스틴의 나비 영상을 학생들과 함께 본다.
② 평가 원칙을 학생과 함께 정하기	학생들과 함께 친구의 작품을 더 좋게 만들기 위해 어떻게 해야 하는지 의견을 묻는다. (원칙의 예: 존중하기-비난 비웃음 짓지 않기, 구체적인 도움 주기, 장점 먼저 말하고 개선점 말하기)
③ 첫 번째 그림 그리기	오스틴의 나비와 같은 곤충 사진을 모둠의 개수에 맞추어 교사가 준비해 놓는다. 모둠별로 학생들에게 사진을 나누어 준다. 스케치북을 네 칸으로 나눈 후 첫째 칸에 선택한 사진의 그림을 그린다.
④ 교사와 함께 평가 연습하기 (평가 시범 보여주기)	교사가 학생 한 명의 작품을 선정하여 학생들과 함께 평가하는 시간을 갖는다.
⑤ 학생 평가하기	학생들을 무작위로 네 명씩 묶는다. 각자 정해진 곳으로 이동하여 서로의 작품을 평가한다.
⑥ 평가 내용 정리하기	다시 자신의 자리로 모인다. 평가 받은 내용을 그림 아래에 정리하여 적는다.
⑦ 두 번째 그림 그리고 평가하기	스케치북의 두 번째 칸에 친구들의 평가를 적용한 그림을 그린다. 다시 임의로 네 명씩 모여 평가하고 정리한다. 세 번째에도 위의 과정을 반복한다.
⑧ 최종 그림에 색칠하기	최종적으로 가장 잘 그린 그림을 선택하여 색칠한다.
⑨ 느낀 점 나누기	평가를 통해서 느낀 점, 배운 점에 대해 이야기 나눈다.

참고 : http://www.designmelvinmutschler.org/austins-butterfly/

 마지막 느낀 점을 나누는 단계가 이 수업에서 가장 중요한 지점이다. 학생들이 평가의 장점과 필요성을 느끼게 할 수 있다. 느낀 점 나누기 활동을 통해 학생들은 평가를 통해 연습하고 도전하면 실력이 향상됨을 눈으로 확인하게 된다. 또한 친구들과 협력하면 더 좋은 결과를 만들어낼 수 있다는 사실도 알 수 있다. 이 수업을 통해 학생은 평가를 하는 것이 누군가를 비난하기 위한 것이 아니라 서로 도와 더 좋은 결과를 만들어 내는 과정임을 알게 된다.

모범 결과물 평가에서는 모범이 되는 결과물만 다루지만 동료 평가에서는 학생 모두의 결과물을 다룬다. 동료 평가를 할 때 가장 중요한 원칙은 상대방의 발표나 결과물에 대해 잘한 점을 먼저 말해주는 것이다. 그 후에 궁금한 점을 묻거나 개선점에 대한 의견을 제시할 수 있다.

동료 평가 방법

① 동료 평가의 목적 확인하기	목적 : 서로 도와 성장하기
② 동료 평가 원칙 정하기	예 : 존중하기, 구체적인 도움 주기, 장점 먼저 말하고 개선점 말하기
③ 교사의 평가 시범 보이기	결과물 한 개나 발표할 한 팀을 선정하여 교사가 평가 시범을 보인다.
④ 동료 평가 실시하기	4인 1조로 서로의 발표나 결과물을 평가한다. 장점을 먼저 말하고 질문하거나 개선점을 말하게 한다.
⑤ 평가 내용 정리 및 적용할 점 정하기	평가받은 내용을 모아 정리하고 적용할 점을 찾는다. 적용할 점을 발표하며 공유한다.

4 발표 및 성찰하기

프로젝트 마무리하기

미국 LA에 케인이라는 9살 소년이 있었다. 케인의 아버지는 중고자동차 부품 매장을 운영한다. 여름방학을 맞은 케인은 아버지의 매장 한편에서 버려진 상자로 아케이드 게임을 만들기 시작한다. 케인의 꿈은 자신이 만든 게임을 하는 고객을 맞이하는 것이다. 케인은 게임기 앞에 앉아 손님을 기다렸지만 아이가 박스로 만든 게임에 돈을 내고 할 사람은 아무도 없었다. 그러던 어느 날, 한 사람이 나타나 케인에게 2달러짜리 펀 패스(Fun Pass)를 구입한다. 그리고 첫 번째 손님이 되어 게임을 했다. 그 사람은 SNS와 웹사이트를 통해 케인의 아케이드 게임 체험 고객을 모집했다. 엄청난 사람들과 함께 방송국에서도 케인의 아케이드 게임을 하기 위해 몰려들었다. 그리고 케인의 아케이드 게임을 즐기며 케인을 응원했다. 그 후 그 사람은 이 과정을 11분짜리 단편 영화(Caine's Arcade)로 만들었다. 이 영화는 유튜브에서 엄청난 조회 수를 기록하며 퍼져나갔다. 그 영향으로 전 세계의 많은 어린이들이 골판지로 아케이드 게임을 만들기 시작한다.

케인이 많은 사람 앞에서 자신의 게임을 보여줄 기회가 없었다면 어떻게 되었을까? 아마도 여전히 손님을 모으기 위해 아버지의 가게 한편에서 시간을 보내고 있었을 것이다. 그러다가 게임 만드는 것도 중단했을지 모른다. 하지만 케인의 아케이드 게임이 공중(Public)에 발표되고 알려지자 전 세계의 많은 교실에서 실행될 정도로 큰 영향을 미쳤다. 케인이 아케이드 게임 만들기를 지속할 수 있었던 것은 자신의 작품을 공개적으로 발표할 기회가 있었기 때문이다. 프로젝트 수업에서도 발표는 공개적으로 이루어져야 한다. 공개적인 발표를 통해 받는 칭찬과 격려의 피드백은 학생이 학습을 지속하고 학습에 더 적극적으로 참여하게 만드는 원동력이 된다.

결과물 디자인하기

발표를 하기 위해서는 그동안의 탐구 결과를 정리하여 발표 가능한 형태로 결과물을 만들어야 한다. 예를 들어 '유튜버 언어 따라 하기의 심각성을 알리는 영상을 어떻게 만들 수 있을까?'라는 탐구 질문에서는 '영상'이라는 결과물을 만들어 내야 한다.

결과물을 만들기 위해서는 어떤 결과물을 만들지에 대한 청사진이 있어야 한다. 이를 '결과물 디자인하기'라 한다. 결과물의 형태에 따라 디자인을 하는 방식도 달라진다. 영상을 만들 경우에는 주요 장면을 연결하여 스토리 보드 형식으로 디자인한다. 태양계 모형을 만들 경우에는 모형을 만드는 순서도와 완성품을 그림으로 나타낸다. 체험 부스를 꾸밀 경우에는 부스에 필요한 물품과 배치 형태를 디자인한다. 실생활의 문제를 해결할 경우에는 노숙인을 돕기 위한 해결책으로 캠페인과 모금에 대한 계획을 디자인할 수 있다.

결과물	디자인 형식
영상	스토리 보드
모형	순서도 및 완성품 그림
체험 부스	전시와 배치 그림
캠페인	도구와 캠페인 도습 그림

결과물을 디자인할 때에는 그림, 설명, 준비물의 세 가지를 작성한다.

결과물 디자인의 3요소

+ 그림
+ 설명
+ 준비물

디자인 예시 : 태양계 프로젝트 모형 만들기

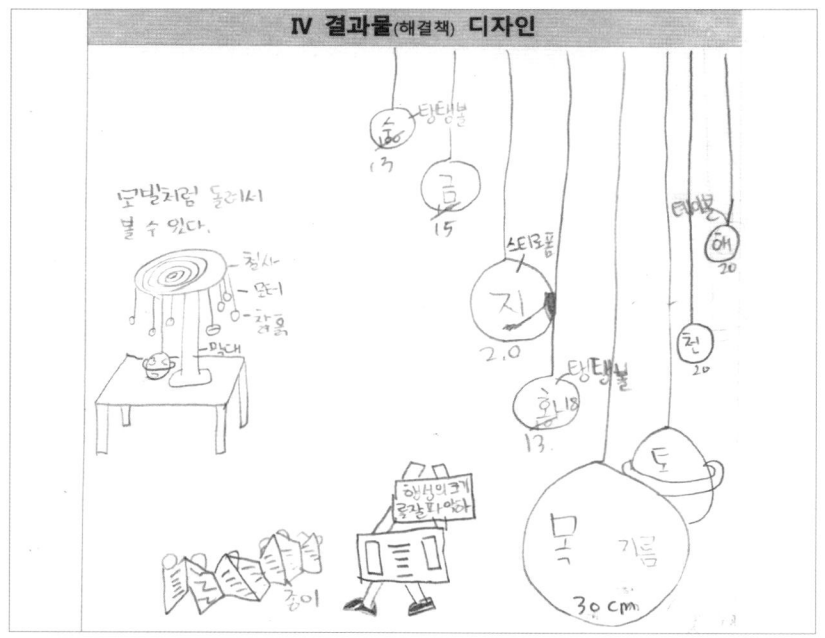

위 그림은 태양계 프로젝트의 모형 만들기를 할 때 학생이 그렸던 디자인이다. 완성된 모형의 모습을 그림으로 표현했다. 그림에 덧붙여 '모빌처럼 돌려서 볼 수 있다.'와 같이 간단한 설명이 작성되어 있다. 모빌 구성품 각각에는 스티로폼, 탱탱볼, 철사 등 결과물을 만들기 위해 필요한 준비물이 적혀 있다.

그림, 설명, 준비물을 모두 작성한 후 그림 아래쪽에 '준비물 목록'을 정리한다. 여기에는 필요한 준비물 목록을 종합해서 분류한다. 학생들이 결과물을 만들어내도록 돕기 위해 교사가 물품을 준비해야 하기 때문이다.

준비물 목록(위에 적은 준비물을 모두 여기에 정리하세요.)	
재활용품 활용	요구르트병(소, 5개)
주변에서 구할 것	모래(우유곽 한 팩 분량)
사야 할 것	스티로폼 공(1cm, 3개)

　자원을 아끼기 위해 재활용품을 활용할 수 있는 준비물을 선별하여 '재활용품 활용' 칸을 만들어 적는다. 학습 준비물실에서 활용할 수 있는 물품이나 집이나 다른 곳에서 가져와야 하는 준비물은 '주변에서 구할 것'란에 적는다. 이렇게 정리하고 나면 나머지 구매해야 할 것들은 '사야 할 것'란에 적는다. 사야할 것은 각 팀별 목록을 수합하여 교사가 일괄 구매한다. 이때 각 품목은 규격과 개수 등을 명확하게 기입하는 것이 좋다. 예를 들면 스티로폼 공은 지름 1cm인 것이 3개 필요하다면 다음과 같이 기입한다.

품목	규격	개수
스티로폼 공	1cm	3개

　최종적으로 학생들은 자신들이 디자인한 결과물을 실제로 만들어 낼 수 있는지에 대해 검토해야 한다. 검토해야 할 기준은 시간, 비용, 학생 자신들의 능력이다. 주어진 시간과 비용 안에서 해결해야 하고 학생 자신의 능력으로 해낼 수 있어야 한다. 학생들이 스스로 점검한 후에 교사 또한 학생의 결과물 디자인을 반드시 점검해 주어야 한다. 위 태양계 모형에서 학생은 탱탱볼을 행성의 모형으로 쓰려고 했다.

그러나 학생이 예상한 다양한 크기의 탱탱볼은 구하기 어렵다. 이럴 경우 교사가 탱탱볼 대신 스티로폼 공을 활용하는 것이 좋겠다고 대안을 제시할 수 있다. 각 행성의 크기에 비례하는 다양한 크기의 스티로폼 공이 있기 때문이다.

결과물 디자인 예시

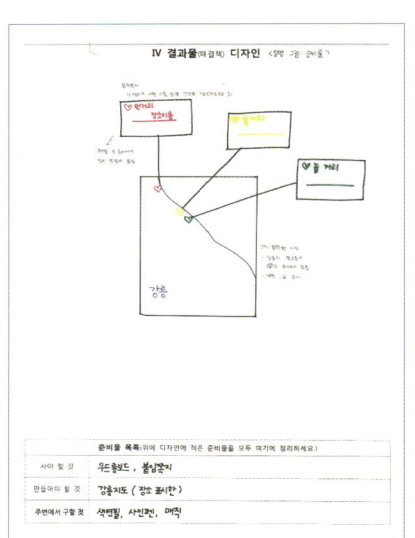
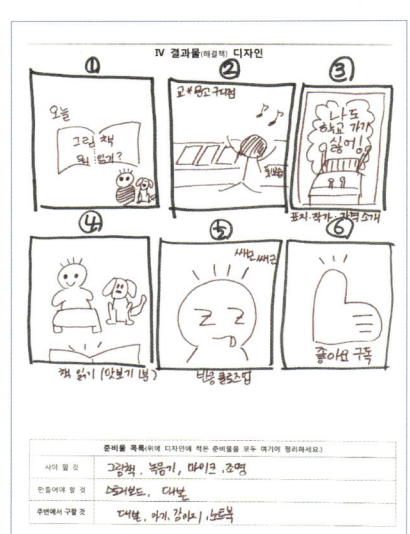

자신감을 키우는 발표 지도하기

학습 과정이 아무리 재미있고 의미 있어도 최종 발표가 만족스럽지 못할 경우 학생들은 '망했다'라고 표현한다. 반면 발표가 성공적으로 진행되면 학생들은 프로젝트 수업이 잘 되었다고 생각한다. 발표 시 청중의 반응에 따라 학생들은 프로젝트 수업 전체의 성패를 판단하는 경향이 있다. 따라서 성공적인 발표를 위해 철저히 준비하고 연습하도록 해야 한다. 이를 위해 교사는 발표를 준비하고 연습하는 시간을 충분히 확보할 필요가 있다.

프로젝트 수업 발표 지도 방법

+ 발표 평가 기준을 사전에 학생에게 알려주기
+ 발표 평가를 통해 학생 발표력 향상시키기(2 허설 중)
+ 발표 과정을 안내하고 최종 발표하기

발표 평가 기준을 사전에 학생에게 알려주기

발표 평가 기준이란 발표를 잘하기 위한 각 영역의 목표이다. 발표는 내용, 매체 활용 및 준비도, 음성 및 태도의 세 가지 영역에서 평가를 진행한다. 평가 기준을 학생이 알고 있으면 발표에 대비하며 프로젝트를 진행할 수 있어 도움이 된다. 각각의 평가 기준을 학생들에게 자세히 안내해 주어야 한다.

발표 내용 면

자료 조사	내용의 깊이	흥미
- 다양한가? - 주제와 관련 있는가? - 신뢰할만한 자료인가?	- 깊이 있는 내용을 넣었는가? - 새로운 내용이 있는가?	- 나뿐만 아니라 친구들이 관심 가질만한 내용인가?

발표 내용에 대한 기준은 프로젝트 수업을 시작할 때 알려주어야 학생들이 그 기준에 맞추어 학습하고 결과를 정리할 수 있다. 발표 내용의 하위 영역에는 자료 조사, 내용의 깊이, 흥미가 있다.

'자료 조사' 항목에서는 자료의 다양성, 주제와의 관련성, 신뢰성을 기준으로 평가한다. 다양성 항목은 탐구 질문에 답할 수 있을 만큼 다양한 근거 자료를 수집했는지에 대해 판단한다. 발표에서 근거로 사용하는 자료는 주제와 관련이 있어야 한다. 마지막으로 믿을만한 정보인지 알아보기 위해 출처를 밝히고 있는지 확인해 볼 수 있다.

'내용의 깊이' 항목은 깊이 있는 탐구와 관련된 기준이다. 청중이 이미 알고 있는 일반적인 내용이 아니라 깊게 공부해야 알 수 있는 새로운 내용을 제시해야 한다.

'흥미' 항목은 내용의 재미와 관련이 있다. 프로젝트 발표는 보통 두 차시 이상이 소요된다. 학급의 모든 구성원이 발표에 참여하기 때문이다. 이때 재미가 없으면 학생들은 발표 시간을 매우 지루해 한다. 하지만 발표 내용 중 흥미로운 요소가 있으면 관심을 갖고 몰입해서 듣는다.

매체 활용 및 준비 면

적절한 매체 활용	발표 내용 이해	발표 형식
- 적절한 사진, 그림, 동영상, 소품, 프레젠테이션 등을 활용하는가?	- 내용을 충분히 이해하고 암기해서 발표하는가?	- 창의적인 발표 형식을 사용하는가? - 인터뷰, 홈쇼핑, 예능, 뉴스, 연극, 노래, 춤 등

발표는 내가 아닌 다른 사람들에게 준비한 내용을 이해하기 쉽게

설명하는 것이다. 적절한 매체를 활용하면 듣는 사람들이 쉽게 이해할 수 있을 뿐 아니라 발표 자체에 몰입할 수 있다. '매체 활용 및 준비' 항목은 '적절한 매체 활용, 발표 내용 이해, 발표 형식'의 세 가지 기준으로 평가한다.

발표 시 활용하는 매체는 핵심 내용을 뒷받침해주는 훌륭한 도구가 된다. '적절한 매체 활용' 항목은 탐구 주제에 어울리는 매체를 활용하고 있는지에 대해 평가한다.

발표할 때 학생들은 대부분 준비해 온 대본이나 프레젠테이션 자료를 읽는다. 이러한 경우 학생에게 발표 내용을 물어보면 대답을 못하는 경우가 많다. 탐구한 본인이 내용을 제대로 파악하지 못한 것이다. 이것은 발표가 아니라 읽기이다. 발표란 자신이 탐구한 내용을 충분히 숙지하여 청중을 대상으로 설명하거나 설득하는 것이다. 발표하는 내용을 이해하고 있는지에 대해 '발표 내용 이해' 항목으로 평가할 수 있다. 핵심적인 내용은 보지 않고도 말할 수 있어야 한다. 이렇게 안내하면 학생들은 대개 대본의 글자 하나하나까지 모두 외우려 해서 힘들어한다. 발표 내용 중 핵심적인 단어에 표시하게 한 후 암기하기보다는 전체적인 내용을 이해한 상태에서 발표하도록 지도해야 한다.

재미있는 방식으로 발표하는가도 중요하다. 학생들에게 인터뷰, 홈쇼핑, 예능, 뉴스, 연극, 노래, 춤 등의 다양한 발표 방식을 알려주고 선택하게 할 수 있다. 한 팀이라도 재미있는 형식으로 발표하면 학생들의 호응이 뜨겁다. 이를 시작으로 점점 많은 친구들이 재미있게 발표하려고 한다.

발표의 성패는 자신감 있는 목소리와 태도가 좌우한다. 사람들은

음성 및 태도 면

발표 음성	발표 태도		
– 목소리의 크기는 뒷사람이 들릴 정도로 적절한가?	– 자신감 있는 자세로 발표 하는가?	– 손짓은 적절하게 취하는가?	– 자료와 청중을 번갈아 보며 발표하는가?

대부분 청중 앞에서 홀로 발표하는 것을 두려워한다. 발표를 앞둔 학생에게 떨리는 것은 자연스러운 것이라고 말해 주고 발표 연습을 통해 극복할 수 있음을 알려줄 수 있다.

'음성 및 태도' 항목은 발표 음성과 발표 태도의 두 가지 기준으로 평가한다. 발표 음성 항목은 발표할 때 내 목소리가 교실의 맨 뒷사람에게까지 들릴 정도로 적절한지에 대해 평가한다. 발표 태도 항목은 바른 자세로 서 있는지, 손과 팔은 내용에 맞게 적절하게 움직이며 자료와 청중을 번갈아 보는지에 대해 평가한다. 발표 음성과 태도 영역은 교사가 시범을 보이며 자세하게 알려주어야 한다.

학생용 계획서의 발표 평가 기준

V 발표 평가									
내용			매체 활용 및 준비			음성 및 태도			
자료 조사	내용의 깊이	흥미	적절한 매체 활용	발표 내용 이해	발표 형식	발표 음성	발표 태도		
다양한가? 주제와 관련 있는가? 신뢰할 만한 자료인가?	깊이 있는 내용을 넣었는가? 새로운 내용이 있는가?	나뿐만 아니라 친구들이 관심 가질 만한 내용인가?	적절한 사진, 그림, 동영상, 소품, 프레젠테이션 등을 활용하는가?	내용을 충분히 이해하고 암기해서 발표하는가?	창의적인 발표 형식을 사용하는가? 인터뷰, 홈쇼핑, 예능, 뉴스, 연극, 노래, 춤 등	목소리의 크기는 뒷사람이 들릴 정도로 적절한가?	자신감 있는 자세로 발표 하는가?	손짓은 적절하게 취하는가?	자료와 청중을 번갈아 보며 발표하는가?

발표 평가를 통해 학생 발표력 향상시키기

연습한 만큼 발표 실력은 향상된다. 학생들은 발표는 타고난 재능이 있어야 잘할 수 있는 것이라고 믿는 경향이 있다. 이때 교사는 '연습하면 누구나 발표를 잘할 수 있다'는 점을 학생들에게 알려주어야 한다. "여러분 선배들도 처음에는 발표하는 것을 어려워했어요. 그런데 선생님과 함께 공부한 1년 동안 꾸준히 발표 연습을 했어요. 그래서 발표를 잘할 수 있게 되었어요. 선생님이 도와주고 열심히 연습하면 여러분의 발표 실력도 좋아질 거예요." 교사의 긍정적 기대가 학생들을 성장하게 만든다.

발표 과정을 안내하고 최종 발표하기

이제 실제로 발표할 차례이다. 학생들에게 발표 순서를 안내해주고 잘 보이는 곳에 게시해 두면 어떤 방법으로 발표를 해야 할지 예측 가능해지므로 발표에 대한 부담감을 줄여줄 수 있다.

발표 과정 안내 예시

이동 동선 및 서야 할 곳 안내 – 인사하기 – 발표하기 – 질의응답 – 발표 마무리 멘트하기 – 발표 평가표 작성하기

발표할 때 이동 동선은 교사가 미리 정해 주어야 한다. 발표자가 서야 할 곳을 미리 표시해 두고, 팀원이 모두 나왔을 때 어떤 순서로 설

지에 대해서도 미리 연습해 보는 것이 좋다. 그렇게 하면 학생들이 발표할 때 어디에 서야 할지 몰라 당황하거나 칠판에 붙어서 쭈뼛거리는 행동을 예방할 수 있다. 발표 준비가 다 되었다면 인사를 하고 발표를 시작한다. 발표가 끝난 후에는 발표를 들으며 좋았던 점을 말하고 궁금한 점에 대해 질문하고 답하는 시간을 갖는다.

발표가 끝나면 '이상입니다.' 혹은 '이상으로 발표를 마치겠습니다.'와 같은 마무리 멘트를 하면 자연스럽게 발표를 마무리하고 퇴장할 수 있다. 한 팀의 발표가 끝나고 나면 발표 평가표를 작성하도록 한다.

발표 평가표 작성 사례

학생이 발표하는 모습을 영상으로 찍어서 남기면 좋다. 학생의 학년 초와 학년 말의 발표 실력을 비교하며 발표력의 향상 정도를 확인

할 수 있기 때문이다. 그 영상 중 한 두 개는 학생의 동의를 얻어 후배들에게 발표 예시 영상으로 보여줄 수 있다.

무엇보다 발표는 축하의 시간이라는 점을 잊어서는 안 된다. 학생들이 긴 시간 동안 열심히 공부하고 발표까지 마무리할 수 있었음에 감사 표현을 하고 축하하는 시간을 갖자.

배움이 일어나는 성찰하기

배움은 내가 알고 있던 것과 새로운 지식이 연결되면서 일어난다. 이는 성찰을 통해 가능하다. 성찰을 거치지 않고 새로운 지식을 내재화하는 것은 불가능하다. (Boud 1985, Schon 1987)[8]

프로젝트를 성찰할 때에는 프로젝트 수업의 전 과정을 돌아보는 '프로젝트 성찰'을 먼저 하고, 학생의 학습에 대한 배움과 태도를 돌아보는 '학생 성찰'을 한다.

성찰의 종류

프로젝트 성찰	학생 성찰
프로젝트 수업 전체의 과정을 학생과 함께 돌아본다.	학생의 학습에 대한 배움과 태도를 돌아본다.

---

8 〈성찰적 실천의 관점에서 본 수업설계자의 전문성 개발방안 탐색〉 이승희, 유영만, 2002, 교육정보미디어연구 8권 2호

프로젝트 성찰

프로젝트 성찰이란 최종 발표까지 모두 마친 후 프로젝트 수업 전체를 돌아보는 과정을 의미한다. 먼저 탐구 질문 자체가 적절했는지, 다른 탐구 질문으로 바꾸었을 때 더 좋은 탐구 결과가 나올 수 있었는지 판단한다. 다음으로 탐구 과정에서 겪은 어려움은 무엇이었고 그것을 어떤 방법으로 해결했는지 학생들과 함께 이야기 나눈다. 마지막으로 탐구한 결과를 돌아보며 탐구 질문에 대한 해답으로 적절했는지, 부족한 점은 없었는지 판단한다.

결과 성찰에서는 다음과 같은 질문을 활용할 수 있다.

탐구 질문	탐구 과정	탐구 결과
- 어떤 질문으로 시작했죠? - 탐구 질문은 적절했나요?	- 어떤 내용을 공부했나요? - 어떤 방법으로 공부했나요? - 어떤 점이 어려웠나요? - 어떻게 극복했나요?	- 탐구 질문에 대해 어떻게 답했나요? - 예상한 것과 결과를 비교해보니 어떤가요?

학생 성찰

학생용 계획서의 '돌아보기 및 프로젝트 평가' 양식을 활용해서 학생 스스로 프로젝트 수업을 돌아보고 프로젝트 수업 전체에 대해 평가하게 할 수 있다. 양식은 자기 평가, 동료 평가, 교사와 학부모 피드백, 프로젝트 평가의 네 가지로 구성된다.

자기 평가

자기 평가의 경우 학습한 내용, 삶에 적용, 학습 참여, 협력 측면에서 돌아볼 수 있도록 했다. 이점을 바탕으로 프로직트 수업을 통해 자신이 잘한 점과 노력해야 할 점에 대해서 작성해 보며 자기 평가를 하게 한다. 학생들은 자기 평가를 하며 이 프로젝트를 통해 성장한 점이 무엇이고, 앞으로 더 노력해야 할 부분은 무엇인지에 대해 생각할 기회를 갖는다. 학생들이 자기 평가한 예시들을 살펴보자.

자기 평가 사례

	평가항목	내용
1	이 프로젝트 학습을 통해 무엇을 배우고 느꼈습니까?	이 프로젝트 학습을 통해서 3.1운동, 을사조약, 경복궁중건에 대해서 알았다.
2	이 프로젝트를 통해 배운 점을 나의 삶이나 학교에서 적용한다면?	역사를 알면 옛날에 무슨일이 있는지 알수있다. 그리고 똑똑해질것이다.
3	이 프로젝트에 대한 대안이나 더 나은 방향이 있다면?	교과서 수업보다 프로젝트가 더 도움이 된다. 왜냐하면 교과서 보다 더 자세하다.
4	이 프로젝트에 대한 팀에 대한 나의 기여도는 얼마나 되나요?	팀이 협동해서 체험학습때 재미있었다.
5	학습참여 태도에 대한 반성과 앞으로의 각오를 써주세요.	다음부터는 열심히 참여하겠다.

동료 평가

한 회사에서 업무 성과를 높이기 위한 조치로 동료 평가를 실시했다. 동료 평가에서 낮은 평가를 받은 사람은 어떻게 행동했을까? 놀랍게도 자신을 반성하고 더 잘하기 위해 노력한 것이 아니다. 오히려 그 팀의 동료들을 싫어하게 되었고, 다른 팀에서 일할 궁리를 하게 되었다고 한다.[9]

교실의 상황도 이와 다르지 않다. 프로젝트가 이미 끝난 상황에서 개선점을 적으면 이를 반영하기가 어렵다. 상황을 과거로 되돌릴 수 없기 때문이다. 프로젝트 과정에서 동료 평가를 할 때에는 개선점을 포함하여 이야기하되 프로젝트를 끝마칠 때에는 친구들끼리 서로 격려하고 장점을 응원하도록 하는 것이 좋다.

		참고	이름( ) 노력했거나 잘한 점을 적어주세요.
2. 동 료 평 가	참여	흥미를 갖고 적극적으로 참여했다.	
	갈등 해결	갈등을 해결하는 데 적극적이었다.	
	경청	친구들의 의견을 귀담아들었다.	
	의견 제시	적절한 까닭과 함께 의견을 제시했다.	
	리더십	모두가 참여할 수 있도록 협의하고 팀을 잘 이끌었다.	
	격려	팀의 활동이 잘 진행되도록 돕고 기운을 북돋아 주었다.	

---

9 《부정적인 평가는 개선으로 이어지지 않는다》 스콧 베리나토, 하버드 비즈니스리뷰코리아, 2018
http://www.hbrkorea.com/magazine/article/view/6_1/page/1/article_no/1084

양식의 '참고'는 학생들이 동료를 평가할 때 참고할 수 있는 항목이다. 참고 사항 없이 동료 평가를 하려 하면 막연해 할 수 있기 때문이다.

교사 및 학부모 피드백

다음으로 교사와 학부모 피드백을 작성한다. 교사는 학생이 성장한 점과 노력해야 할 점을 '선생님' 칸에 작성한다. 학브모 피드백을 받을 때에는 학생들이 학습한 결과물을 모은 포트폴리오를 가정으로 보내고 학생과 함께 본 후 격려의 피드백을 해달라고 부탁한다.

3. 피드백	선생님	부모님

마지막으로 학생은 자기 평가, 동료 평가, 교사와 부모님의 피드백을 확인한 후 최종적으로 프로젝트 수업에 대한 소감을 적는다. 자신과 다른 사람들의 평가를 확인해보며 프로젝트 수업이 본인에게 어떤 의미가 있었는지 되돌아보게 하는 것이다.

TIP 프로젝트 수업 업그레이드 하기

테니스는 입문자들이 배우기 쉽지 않은 스포츠 중 하나이다. 테니스는 포핸드, 백핸드, 서브, 발리 등 다양한 동작이 있고 여기에 각 동작마다 드라이브, 슬라이스 등의 세분화된 동작이 있다. 각각의 동작을 익히고 배우는데 오랜 시간이 걸리고 많은 노력이 필요하다. 프로젝트 수업도 테니스와 마찬가지로 배우기가 쉽지 않다. 프로젝트 수업은 계획과 실행의 단계가 세분화 되어 있고 각 단계마다 세부적인 활동이 존재하기 때문이다. 프로젝트 수업 역시 제대로 하려면 시간과 노력이 필요하다.

테니스는 배우기 어렵지만 입문하여 어느 수준을 넘어서면 충성도가 높은 마니아가 된다. 어려운 만큼 실력을 쌓아가면서 얻게 되는 재미가 더 크기 때문이다. 프로젝트 수업도 배우고 실행하기는 어렵지만 실행 후에는 교사와 학생 모두 큰 만족을 얻게 된다. 그래서 한번 프로젝트의 즐거움을 알게 되면 계속해서 하게 된다.

하지만 프로젝트를 배우는 초창기에는 이러한 즐거움을 맛보기가 쉽지 않다. 처음 세운 프로젝트 계획이 온전할 수 없기 때문이다. 완성도 있는 프로젝트는 지속해서 실행하며 업그레이드할 때 탄생한다. 처음 실행한 프로젝트가 만족스럽지 않더라도 꾸준히 내용과 활동을 보완하며 업그레이드 해 보자.

프로젝트 수업을 업그레이드하는 방법은 다음과 같다.

① 프로젝트 수업으로 교류하기

② 매 차시 피드백 남기기

③ 교사용 성찰지 작성하기
④ 학생의 최종 결과물로 프로젝트 평가하고 개선하기
⑤ 기존 프로젝트 수업을 다시 시도하기

프로젝트 수업으로 교류하기

프로젝트 수업을 기본기부터 잘 가르쳐 줄 수 있는 사람을 만나면 조금 더 쉽게 프로젝트 수업 역량을 향상시킬 수 있다. 그런 사람을 만나기 어렵다면 대안으로 선택할 수 있는 것은 프로젝트 수업을 먼저 해 본 사람이나 공부하는 사람들과 교류하는 것이다. 오프라인에서 직접 만나 교류하면 좋겠지만 현실적으로 시간과 공간의 제약이 있을 수 있다. SNS를 통하면 시간과 공간의 제약을 받지 않고 많은 선생님들의 프로젝트 수업을 볼 수 있다. (네이버 밴드 '함께하면 더 쉬운 프로젝트 수업'을 통해 수업 교실 연구팀 선생님들과 교류할 수 있다.)

매 차시 피드백 남기기

더 좋은 프로젝트 수업을 만들기 위해서는 프로젝트 수업을 돌아보아야 한다. 그런데 프로젝트 수업을 마무리하고 나서 리뷰를 하려고 하면 실행 당시 생각하거나 느꼈던 세세한 사항이 잘 기억나지 않는다. 매 차시 수업 직후 기록을 해야만 다음 프로젝트 수업에 성찰의 결과를 반영할 수 있다.

피드백을 남길 때에는 잘된 점과 어려운 점, 유의해야 할 점을 기록한다. 수업을 계획할 때 의도했던 것이 잘 구현되었는지, 활동 과정에서 학생들이 어려워하는 부분은 무엇이었는지, 다음에 가르칠 때 유의해야 할 점은 무엇인지를 수업 직후나 도중에 기록한다.

　이렇게 피드백을 적어 놓으면 다음 프로젝트 수업을 할 때 이미 겪었던 시행착오를 줄이고 장점을 더욱 발전시킬 수 있어 프로젝트 수업에 배움과 즐거움을 더할 수 있다.

교사용 성찰지를 활용한 교사 성찰하기

프로젝트 수업이 모두 끝난 후에는 교사용 성찰지를 작성하며 프로젝트 수업의 계획과 실행, 결론 및 발표의 전반적인 과정을 돌아본다. 교사용 성찰지를 작성할 때는 앞서 언급했던 '매 차시에 기록한 피드백'을 보면 도움이 된다.

프로젝트 수업 교사용 성찰지

구분	계획	탐구 질문 및 탐구 활동	결론 및 발표	성찰
P - 계획대로 된 점 - 계획보다 잘된 점 - 예상치 못했지만 좋았던 점 등				
M - 계획대로 안된 점 - 어려웠던 점 - 궁금한 점				
I - 인상적이었던 점 - 개선, 보완한다면?				

프로젝트 수업 교사용 성찰은 PMI 기법을 활용한다. 세로 항목에서 P는 장점(Plus)으로 여기에는 프로젝트 수업을 수행하며 계획했던 대로 되었거나 의도한 것보다 더 잘된 점, 예상하지 못했지만 좋았던 점을 기록한다. M은 개선점(Minus)으로 계획대로 안된 점과 어려웠던 점을 기록한다. I는 적용할 점(Interesting)으로 장점이나 개선점에서 적지 못했던 인상적이었던 점이나 앞으로 적용해 보고 싶은 개선 및 보완점을 적을 수 있다.

가로 항목에는 프로젝트 수업의 각 단계별로 점검할 수 있도록 항목을 배열하였다. 이 항목을 돌아볼 때 '교사용 체크리스트'를 활용하면 단계별 기준을 한눈에 볼 수 있어서 도움이 된다.

학생의 최종 결과물로 프로젝트 수업 평가하고 개선하기

최종 결과물은 프로젝트 수업의 핵심 목표를 달성하기 위해 학생이 탐구한 결과이다. 학생의 최종 결과물을 점검해 봄으로써 목표에 맞게 프로젝트 수업 디자인이 되었는지, 수업 진행이 제대로 되었는지 파악할 수 있다. 또 목표 달성에 부족한 점이 있다면 어떤 점이 부족했는지 파악해 다음 프로젝트 수업 계획에 반영할 수 있다.

기존 프로젝트 수업을 다시 시도하기

프로젝트 수업은 반복해서 실행할수록 의미가 더해지고 즐거운 활동이 될 수 있다. 프로젝트 수업을 업그레이드하기 위해서는 기존 프로젝트 수업 계획에 성찰 결과를 반영하여 계획을 조금씩 수정해 나가면 된다.

친구 프로젝트를 처음 시도한 해에는 친구 사귀는 법을 강의식으로 지도했다. 모든 활동을 교사가 주도한 측면이 강해서 아쉬움이 컸다. 아쉬웠던 점을 반영해 두 번째 해에는 교사가 제시하는 것을 줄이고 학생들끼리 '친구 사귀는 비법'을 만들어 보도록 했다. 학생의 흥미를 돋우기 위해 친구와 공통점을 찾는 영상 자료를 추가해서 함께 보았다. 셋째 해에는 사람이 친해지는 데에도 각각의 속도가 있다는 '우정의 속도'라는 실습 활동을 추가했다. 이에 더해 친구에 대해 새롭게 알게 된 장점을 찾아보라는 미션을 더했다.

'친구' 프로젝트는 필자가 매년 실행하는 프로젝트 수업이다. 모든 학년에서 학생들이 친구를 사귀고 대하는 법을 알려줄 필요가 있다. 학년이 바뀌었을 경우에는 해당 학년의 학습 역량과 발달 단계, 성취 기준에 맞게 변형하여 진행한다.

5 학급 문화 조성하기

배움을 위한
학급 문화 조성하기

'사회적 상호 작용은 학습을 촉진한다.'

프로젝트는 팀별로 협력하여 문제를 해결해 나간다. 어떻게 협력하는가에 따라 학습의 질이 좌우된다.

'학생은 자신이 이해하는 방식으로 지식을 구성한다.'

학생이 지식을 구성하려면 능동적으로 학습에 참여해야 한다. 학습은 앎을 위한 도전이다. 학생들이 어려운 과제에 도전하고 서로 협력할 때 유의미한 학습이 일어난다.

학생들이 프로젝트의 문제를 해결하기 위해 협력하고 도전할 수 있도록 배움을 위한 학급 문화를 조성해야 한다.

도전하는 학급 문화 만들기 수업

도전을 주저하거나 실수나 실패를 두려워하면 의미 있는 학습이 일어나기 어렵다. 실패와 실수를 통해 성장할 수 있음을 학생들에게 알려주어야 한다. 도전하는 학급 문화를 만들기 위해 다음과 같은 수업을 할 수 있다.

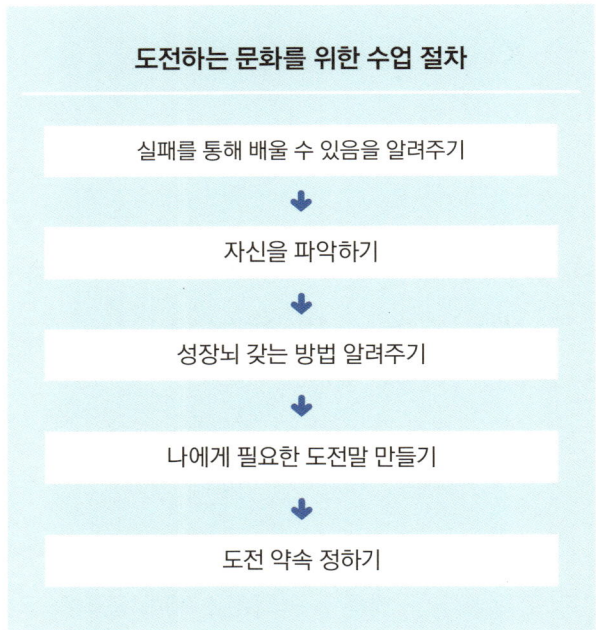

실패를 통해 배울 수 있음을 알려주기

"김연아가 처음 스케이트를 탔을 때 어땠을까요?" 김연아도 처음 스케이트를 탔을 때는 엉거주춤하며 넘어지기를 수없이 반복했을 것이다. 그리고 누군가의 도움을 받아 더 잘 탈 수 있게 되었을 것이다. 김연아가 넘어지며 스케이트를 배웠듯이 누구나 다 실수하고 실패하며 배워 나간다.

실패란 우리를 성장시키는 밑거름이다. 실수를 실패로만 받아들이고 부끄러운 일로만 받아들이면 발전이 없다. 큰 업적이나 성공을 거둔 사람의 예를 들어보자. 그들도 처음에는 실패했고 이를 극복해 내며 성장했음을 알려주자.

자신을 파악하기

실패를 두려워하는 사람과 그렇지 않은 사람이 있다. 실패를 두려워하는 사람은 '사람의 지능과 능력은 변하지 않는다'고 생각한다. 반면 실패를 두려워하지 않는 사람은 '사람의 지능과 능력은 노력으로 변한다'고 생각한다.[10] 본인이 어떤 사람인지 궁금하다면 다음 설문을 해보자.

※ 다음 질문을 읽고 나와 맞다고 생각되는 것에 ○하세요.

① 내가 열심히 노력하는 것은 내가 똑똑하지 않아서이다.	
② 나는 어려운 것에 도전하는 것을 좋아하는 편이다.	
③ 내가 실수하면 다른 사람들이 나를 비웃을 것이라 생각한다.	
④ 나는 '머리 좋다' '영리하다'는 소리를 듣는 것이 좋다.	
⑤ 나는 어렵거나 힘든 일이 있으면 그만두는 편이다.	
⑥ 나는 실수하는 것에 신경 쓰지 않는다. 실수는 내가 배우는데 도움이 된다.	
⑦ 내가 아무리 노력해도 잘할 수 없는 것이 있다.	

---

10 《학습동기를 높여주는 공부원리》 캐롤 드웩 저, 차명호 역, 학지사, 2008

⑧ 열심히 한다면 누구라도 배울 수 있다.	
⑨ 사람은 태어날 때부터 머리가 좋거나 나쁜 것이 정해져 있다. 그리고 변하지 않는다.	
⑩ 완벽하게 하지 못했더라도 최선을 다하고 나면 나는 내가 자랑스럽다.	

출처:《The Growth Mindset》35p, Annie Brock, Ulyssespress, 2016

나의 잠재 능력을 발휘하여 원하는 것을 이루고 행복한 삶을 살고 싶다면 실패를 두려워하지 말아야 한다. 이를 성장뇌(성장형 사고방식)를 가졌다고 한다. 짝수 번호에 ○가 많으면 성장뇌를 많이 쓰는 것이고, 홀수 번호에 많으면 그 반대이다. 성장뇌를 더 많이 쓰지 않는다고 해서 괴로워할 필요는 없다. 노력하면 성장뇌를 더 잘 쓸 수 있다.

성장뇌를 갖는 방법 알려주기

성장뇌(성장형 사고방식)를 갖기 위해서 다음 세 가지를 실행해야 한다.

- 실수나 실패를 배움의 기회로 여기기
- 더 나은 방법을 찾거나 도움 청하기
- 긍정적인 생각과 말하기

세 가지를 어떻게 실행할 수 있을지 학생들과 이야기를 나눈다. 그리고 긍정적인 생각과 말하기에 대해 학생들과 다음과 같은 활동을 해 볼 수 있다.

아래 표에서 왼쪽의 말은 실패를 두려워하는 사람이 자주 쓰는 말이다. 반면에 오른쪽의 언어는 실패를 두려워하지 않는 성장뇌를 가진 사람이 자주 쓰는 말이다. 이를 통해 나는 주로 어떤 말을 쓰는지 학생들과 함께 점검해 볼 수 있다. 성장뇌의 언어를 학급에 게시하여 활용할 수 있다.

실패를 두려워하는 사람이 자주 쓰는 말	실패를 두려워하지 않는 사람이 자주 쓰는 말
실수 했을 때 나는 바보 같아.	실수는 배움의 기회야.
나는 수학을 잘못해.	수학하는 방법을 바꿔 봐야지. 나는 아직 수학을 잘못해.
쟤는 원래 잘해.	열심히 하면 잘할 수 있어.
그만 할래.	포기하지 않을래. 나는 도전하는 게 좋아.
이건 너무 어려워.	다시 한번 시도해보자. 친구나 선생님에게 물어볼까?
쟤는 똑똑해.	잘하기 위해 얼마나 열심히 했을까?
노력해도 안 돼.	나는 조금씩 나아지고 있어. 어떻게 해야 더 잘할 수 있을까?

나에게 필요한 도전말 만들기

사람은 누구나 더 잘하고 싶어 한다. 하지만 어려운 상황에서 좌절하기도 한다. 어려운 상황에서 내가 나에게 어떤 말을 하는가에 따라 상황이 달라질 수 있다. 그렇기 때문에 스스로에게 긍정적인 말을 해줄 필요가 있다.

2016년 리우올림픽 당시 펜싱 에페에서 금메달을 딴 박상영 선수가 있다. 상대 선수는 세계랭킹 3위이고 박상영 선수는 21위였다. 점수는 10대 14. 박상영 선수가 한 점만 실점하면 그대로 경기가 끝나는 상황. 앉아서 잠시 쉬는 박상영 선수에게 관중석에서 이렇게 외친다. "할 수 있다!" 박상영 선수는 그 말을 듣고 '할 수 있다'를 되뇌었다. 그 후 박상영 선수는 14:15로 역전하고 금메달을 땄다. 기적같은 일이 일어난 것이다. 학생들에게 이 동영상을 보여주며 이야기 나눌 수 있다.('박상영, 할 수 있다'라고 검색창에 입력하면 동영상을 볼 수 있다.)

동영상을 본 후 학생들과 인상적이었던 부분에 대해 이야기 나눈다. 동영상에서 눈여겨봐야 할 부분은 '주변 사람들이 나에게 해주는 말'과 '내가 나 자신에게 하는 말'이다. 이 중 나를 바꿀 수 있는 것은 무엇일까? 바로 '내가 나 자신에게 하는 말'이다.

학생과 함께 '실패를 두려워하지 않는 사람이 자주 쓰는 말'에 대해 알아본다. 그리고 내가 힘들거나 어려운 상황일 때 자신에게 해주고 싶은 말을 떠올리게 한다. 이를 이미지로 표현하도록 하면 그 문구를 학생 자신의 마음에 새길 수 있을 것이다.

나에게 필요한 도전말 만들기 예시

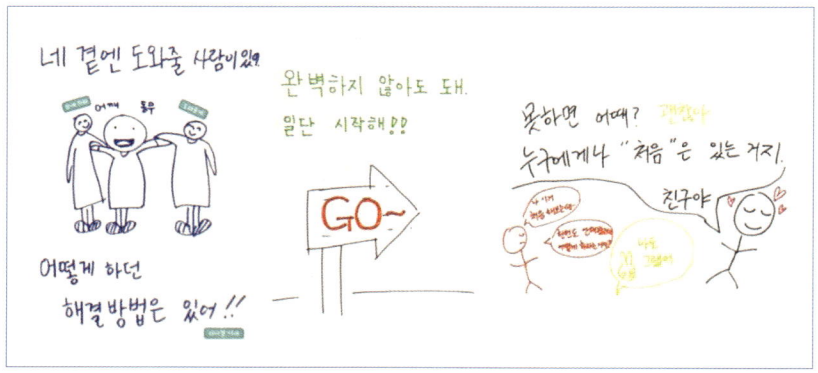

도전 약속 정하기

학생들과 함께 도전을 위한 약속을 다음과 같이 정해볼 수 있다.

도전 약속

약속	내용
'아직'의 힘을 믿어요.	'나는 못해'와 '나는 아직 못해'는 다르다. '아직'의 힘은 매우 강하다.
나는 더 잘할 수 있다.	나는 더 잘할 수 있고 매일 나아지기 위해 노력한다.
실수는 중요하다.	실수는 그 자체로 좋지는 않다. 실수를 성장의 밑거름으로 받아들이는 자세가 중요하다. 따라서 실수는 중요하다.

협력하는 학급 문화 만들기 수업

"우리는 모두 평범한 사람이지만 팀을 이뤄 함께 하면서
특별한 일을 만들 수 있다."

호세 마리 루자라가(미네르바 스쿨 대표)

프로젝트 수업의 문제는 혼자서는 해결하기가 어렵다. 평범한 사람이 모여 특별한 일을 할 수 있듯이 혼자서 해결하기 어려운 문제도 힘을 합치면 해결할 수 있다. 프로젝트 수업에서 협업 능력은 꼭 필요하므로 꾸준히 길러나갈 수 있도록 지도해야 한다.

버니 트릴링(Bernie Trlling)과 찰스 페델(Charles Fadel)은《21세기 핵심 역량》이라는 책에서 학생이 지녀야 할 협동 능력으로 다음의 세 가지를 제시했다.

- 서로 존중하며 효과적으로 협력하기
- 공동의 목표 달성을 위해 타협하고 합의하는 유연성과 의지 기르기
- 협동 작업에서 책임을 공유하고, 각 팀원이 기여한 부분에 대해 정당하게 가치를 인정해 주기

이러한 협동 능력을 기르기 위해 다음과 같이 수업을 진행할 수 있다.

협력 약속하기 수업

협력 약속은 학생들이 구체적으로 실천할 수 있는 말과 행동으로 정하는 것이 좋다.

협력의 약속 '가바긍동감'

+ 가까이 앉는다
+ 바라본다
+ 긍정적으로 말한다
+ 동등하게 말한다
+ 감사의 표현을 한다

협력의 약속 앞 글자를 따서 '가바긍동감'이라고 학생들에게 안내한다.

가까이 앉는다

먼 거리에서는 친구와 협력할 수 없다. 일단 가까운 거리에 있어야 한

다. 그래야 이야기도 나눌 수 있고, 작업도 같이 할 수 있다. 물리적인 거리가 마음의 거리를 나타낼 때가 있다. 팀별 활동을 할 때에는 열린 마음으로 친구를 받아들일 수 있도록 가까이 앉는다. 학생들과 협력하기 좋은 거리에 대해 이야기 나누어 보자.

바라본다

경청의 기본은 바라보는 것이다. 상대방을 존중하고 상대방의 이야기에 귀를 기울이기 위해서는 서로 바라보아야 한다. 부담스럽지 않게 바라보는 것은 어떤 것일지 학생들과 실습하며 이야기 나누어볼 수 있다.

긍정적으로 말한다

상대방과 이야기할 때는 언제나 긍정적인 태도를 보여야 한다. SBS 다큐멘터리 '말이 나를 바꾼다'에는 학생들이 모여 도미노를 쌓는 장면이 나온다. 한 팀은 성공하고 다른 한 팀은 실패하는데, 성공한 팀의 비결은 무엇이었을까? 그들이 쓰는 말이었다. 실패한 팀은 부정적인 말

성공한 팀이 하는 말		VS	실패한 팀이 하는 말	
괜찮아.	너를 믿어.		꼴 보니까 쓰러뜨리겠네.	안 쓰러뜨리게 잘해야 해.
심호흡해.	고마워.		바보야?	짜증나.

을 많이 했고, 성공한 팀은 긍정적인 말을 많이 사용했다. 내가 습관적으로 하는 말을 잘 살펴보고 나의 말이 긍정적인지 부정적인지 살펴보자.

동등하게 말한다

팀 활동을 할 때 어느 한 사람이나 일부의 의견으로 의사 결정이 될 경우 협력이 유지되기 어렵다. 누구나 다 동등하게 말할 수 있도록 해야 한다. 특히 의사 결정을 할 때에는 말이 없는 친구에게도 의견을 물어 팀원 모두의 의견이 반영되도록 한다.

감사의 표현을 한다

팀별로 협력할 때에는 활동 후에 서로에게 감사의 표현을 하도록 한다. 누군가와 함께하는 것은 쉬운 일이 아니다. 지켜야 할 일이 많고, 서로 배려해야 하기 때문이다. 모든 사람이 팀에 기여하고, 서로 배려하며 활동을 마치는 것 자체가 감사한 일이다. 팀별 활동이 끝나면 교

감사함을 표현하는 방법
(교사와 함께하기, 학생 스스로 하기)

감사를 위한 말	감사를 위한 행동
- 함께 해줘서 고마워 - 의견 내줘서 고마워 - 너희들과 함께해서 기뻐 - 너는 나의 좋은 친구	- 주먹 마주치기 - 하이파이브 - 악수하기 - 손 유희 인사 - 엄지 척

사가 의도적으로 "함께 해줘서 고마워 친구야"와 같은 말을 따라하게 할 수 있다.

협력의 또 다른 방법 '공유'하기

공유란 내가 가진 것을 함께 나누는 것이다. 공유 또한 일종의 협력이라 할 수 있다. 나누는 것도 배우고 연습해야 잘할 수 있다. 학생들에게 좋은 아이디어나 내용을 다른 팀이나 학급의 친구들과 공유하자고 하면 거부하는 경우가 종종 있다. 나눔의 효과를 알지 못해서이다. 학생과 함께 내가 가진 것을 나누면 어떤 점이 좋은지에 대해 이야기 나누어보자. 알면 행하기가 더 쉬워진다. 공유할 때 좋아지는 점은 상호 신뢰가 쌓이고 다양한 생각을 들을 수 있으며 아이디어의 양이 늘어나고 질도 좋아진다.

학생들에게 무조건 가진 것을 나누라고 강요해서는 안 된다. 나누는 것이 좋은 것이라는 것을 알게 하고, 또 느껴보게 해야 한다. 기여한 사람에게 고마운 마음을 표현하고 그 가치를 인정해 줄 때 학생들은 스스로 나누려는 마음을 가질 수 있다.

공유할 수 있는 내용과 방법

공유 가능한 내용	공유하는 방법
- 새롭게 알아낸 지식이나 내용 - 효과적인 조사 및 탐구 방법 - 창의적인 아이디어	- 학생이 발표하기 - 학생의 동의를 얻어 교사가 소개하기 - 내용을 복사해서 나눠주기 - 학급 게시판에 게시하기

자랑스러운 우리 마을
'꿈나무 탐험대' 프로젝트

아침에 한 학생이 지각을 했다. 학생은 "핸드폰을 잃어버렸는데 찾았다"고 했다. 어떻게 된 일인지 묻자 학생이 대답했다. "오는 길에 핸드폰을 잃어버렸어요. 그래서 파출소로 갔어요. 거기 경찰관 아저씨들께 말씀드렸더니 순찰차를 이용해서 동네를 돌아주셨어요. 다행이 길에서 핸드폰을 발견했어요." 마을 관련 프로젝트 수업을 위해 이 학생은 친구들과 함께 파출소에 견학을 갔었다. 학생은 파출소를 둘러보고 경찰관이 하는 일에 대해 인터뷰했다. 그리고 실제 자신에게 생긴 핸드폰 분실 문제를 해결하기 위해 파출소를 찾아갔다. 견학을 통하여 알게 된 바를 실제 활용한 것이다.

프로젝트 수업 개요

실시 학년	3학년
주제	마을 사랑
탐구 질문	우리 마을을 알고 사랑하는 마음을 갖기 위해 어떻게 마을 책을 만들 수 있을까?
학습 활동 순서	우리 마을 알기 → 우리를 위해 마을에서 일하는 사람 관찰하기 → 견학하기 → 마을을 사랑하는 마음 갖기(가족의 추억의 장소, 내가 좋아하는 장소 조사 및 발표) → 마을 책 만들기
활동 기간	4주
관련 과목	국어, 미술

프로젝트 수업 도입하기

오늘은 프로젝트 수업을 처음 실시하는 날이다. 학생들은 아직 프로젝트 수업 경험이 없다. 학생들이 부담스러워 하지 않는 범위 내에서 프로젝트 수업을 도입해야 한다. 학생들이 프로젝트 주제에 관심을 갖지 않으면 매 시간 학생들의 거부감을 이겨내며 수업을 진행해야 하기 때문이다.

이번에 계획한 마을 프로젝트의 동기를 부여하기 위해 학생들이 학교 밖으로 나가는 것을 좋아하는 성향을 이용할 것이다. 학생들은 특히 수업 시간에 학교 밖으로 나간다고 하면 공부한다고 생각하지 않는 경향이 있다. 학생들의 동기를 유발하기 위해 학교와 마을 주변에서 가 보고 싶은 곳이 어디인지 알아보는 것으로 시작했다. "우리는 사회 시간에 우리 마을을 돌아다니면서 공부할 거예요." 역시 학생들의 반응은 폭발적이었다. "우리 학교나 마을 주변에서 가 보고 싶은 곳이 어디인가요?" 학생들은 자신이 가고 싶은 장소를 발표했고 나는 학생들의 의견을 열심히 받아 적었다. 학생들이 말한 장소는 나의 예상을 빗나가지 않았다.

학생이 원하는 모든 곳을 가 볼 수는 없기에 단서를 하나 붙였다. "여러분이 말한 모든 곳을 다 가 볼 수는 없어요. 하지만 가 볼 수 있는 곳은 실제로 가 볼 거예요." 가 보고 싶은 곳을 이야기 나누는 것만으로도 한 시간이 지났다. 첫 동기 유발은 성공적이었다.

질문 나누기

학생들은 프로젝트 수업을 경험해본 적이 없다. 그래서 프로젝트 수업이 무엇이고 어떻게 진행하는지에 대해 안내해 주었다. 다음으로 탐구 질문을 소개했다. "우리 마을을 알고 사랑하는 마음을 갖기 위해 어떻게 마을 책을 만들 수 있을까? 이 질문에 대한 답을 찾기 위해 우리는 프로젝트 수업을 할 거예요." 탐구 질문을 소개한 후 학생들과 탐구 질문의 의미를 분석했다. 질문의 뜻을 분명히 알아야 그에 대한 답을 명확하게 찾을 수 있기 때문이다.

학생들이 주도적으로 프로젝트 수업에 참여하게 만들기 위해 먼저 학생들과 학교 주변을 둘러보았다. 학교 주변을 둘러보기 전에 탐구 질문을 해결하기 위해 알아야 할 것과 궁금한 것을 찾는 것이 이 활동의 목적임을 분명하게 했다. 목적을 알아야 학생들이 마을을 둘러보며 무엇을 보고 생각해야 하는지가 명확해지기 때문이다.

교실로 돌아와서 학생들에게 탐구 질문을 해결하기 위해 알아야 할 것과 궁금한 점을 적게 하고 이를 질문의 형태로 만들게 했다. 학생들의 질문을 모두 모아놓고 이야기 나누었다. 이때 탐구 질문을 해결하기 위한 중요한 질문이 누락되었을 경우 교사가 제시할 수 있다. 꿈나무 탐험대 프로젝트의 경우 '책을 만들기 위해 어떻게 해야 할까?'에 대한 질문이 나오지 않아 교사가 이를 추가했다. 다음으로 학생들과 협의하여 질문의 우선순위를 정했다. 탐구 질문을 해결하기 위해 가장 먼저 알아보아야 할 것은 무엇일까요? 학생들은 '우리 마을은 어떤 모

학급 게시판

탐구 질문	우리 마을을 알고 사랑하는 마음을 갖기 위해 어떻게 마을 책을 만들 수 있을까?
꼭 알아야 할 것	- 우리 마을은 어떤 모양(모습)인가? - 우리 마을에서 중요한 장소는 어디인가? - 우리 마을에서 일하는 사람들은 어떤 생각을 할까? - 마을 책은 어떻게 만드는가? - 내가 좋아하는 곳은 어디인가?
궁금한 것	- 우이천에는 어떤 동물들이 있을까? - 우리 마을에는 몇 개의 분식집이 있을까? - 마을 극장은 무엇을 하는 곳일까? - 가족과 함께 가 볼 만한 곳은 어디인가?

양(모습)인가?'를 가장 중요한 질문으로 꼽았다. 이렇게 중요도가 높은 질문부터 학생들과 함께 탐구해 나간다.

탐구 질문과 학생의 질문은 위와 같이 교실의 게시판에 게시한다.

학생들이 프로젝트 수업에 애정을 가질 수 있도록 마을 프로젝트의 이름을 함께 지었다. 이번 프로젝트 수업의 이름은 학생들이 낸 다양한 의견 중 '꿈나무'와 '마을 탐험대'를 결합하여 '꿈나무 탐험대'로 결정하였다.

필수 활동 하기(전체 및 개별 학습)

탐구 질문에 답하기 위해 학생들이 기본적으로 알아야 할 것이 있다. 꼭 알아야 할 내용은 팀별로 과제를 부여하지 않고 전체 학습을 통해 학생 개개인이 충분한 지식을 습득하도록 한다.

학생들이 제시한 '꼭 알아야 할 것'에 관한 질문 중 가장 우선순위가 높은 '우리 마을은 어떤 모습인가?'에 대해 답하기 위해 학생들과 마을의 모습을 지도로 관찰했다. 그리고 마을의 모습을 그림으로 표현해 보았다. 학생들이 마을의 모습을 자세히 표현하게 하기보다 생김새의 특징에 주목하게 했다. 그리고 지명의 유래에 대해 함께 이야기 나누었다.

'우리 마을에서 일하는 사람들은 어떤 생각을 할까?'에 대해 알아보기 위해 먼저 학생들에게 '마을에서 일하는 사람들이 어떤 생각을 하는지 알아보기 위해 무엇을 할 수 있을까?'와 같은 질문을 했다. 학생이 제시한 의견 중 함께 해볼 수 있는 아이디어가 나오면 수업에 적극 활용한다. 학생들에게 개별 과제를 내줬다. 집에서 학교까지 오는 길에 일하는 사람의 모습을 볼 수 있는 곳을 10군데 지도에 나타내고 그 이름을 쓰도록 했다. 작성한 장소가 자신에게 어떤 도움을 주는지 작성해 보게 했다.

'학교까지 오는 길에 볼 수 있는 일하는 사람들의 모습' 작성 예

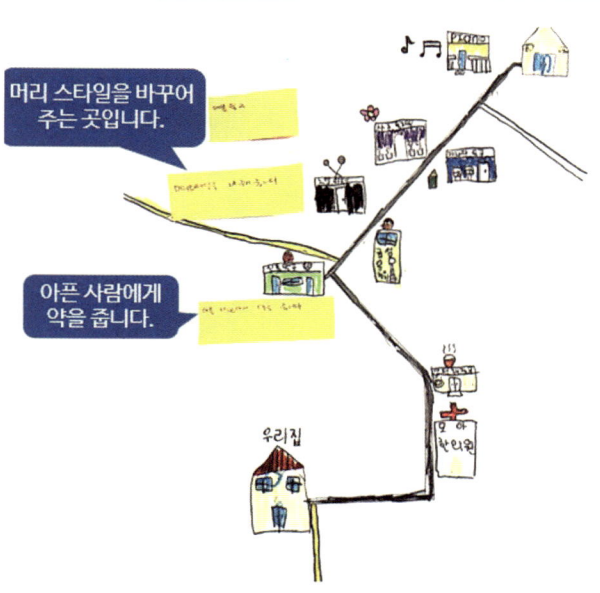

위와 같이 학생들의 작품 중 다른 학생들과 공유할 만한 작품을 골라 게시된 질문 옆에 게시했다. 학습 순서에 따라 학생의 결과물이나 학습 결과가 게시되기 때문에 게시판을 보며 프로젝트 수업의 과정을 중간 중간 돌아볼 수 있다.

심화 활동하기(팀별 탐구 수행)

기본적으로 알아야 할 내용에 대한 학습이 끝났으면 심화 탐구를 할 차례이다. 기본 학습을 바탕으로 이제 학생들이 원하는 주제를 팀별로 공부하고 탐구하는 시간이다.

'우리 마을에서 중요한 장소는 어디인가?'에 대한 답을 하기 위해 팀별로 의논했다. 실제로 학생들이 견학하고 인터뷰할 장소를 팀별로 선정하고 인터뷰할 내용을 작성했다. 교사는 견학에 필요한 기본적인 사항을 미리 준비하고 안내했다. 학생들은 팀별로 각각 파출소, 보건소, 마을극장, 여성인력개발센터, 어린이집, 사회복지관을 견학하며 인터뷰를 진행했다. 마을에서 자신들을 위해 일하는 사람들의 이야기를 들으며 학생들이 마을에 좋은 사람들이 많이 있다는 것을 알고 느끼기를 바랐다.

'내가 좋아하는 곳은 어디인가?'라는 질문은 이 프로젝트 수업에서 굉장히 중요하다. 학생 자신에게 의미 있는 장소를 떠올리며 마을을 사랑하는 느낌을 갖도록 할 수 있기 때문이다.

학생의 질문을 그대로 활용할 수도 있지만 교사의 의도와 프로젝트 수업의 초점에 맞추어 변형하거나 아이디어를 추가하여 활용할 수 있다. 학생의 질문을 조금 더 의미 있는 활동으로 만들기 위해 '가족의 추억의 장소' 알아보기 활동을 추가했다.

가족의 추억의 장소와 내가 좋아하는 장소를 조사하고 발표하는 시간을 가졌다. 먼저 부모님과 함께 했던 '가족의 추억의 장소'에 대한 사례를 부모님들께 개인적으로 부탁해서 받았다. 그 이야기를 학생들에

질문		답변
필수 질문	①이곳에 사람들이 오는 이유는 무엇인가요?	건강을 상담함
	②이곳에서 사람들이 어떤 일을 하나요?	질병이 있는 분들을 치료해주고, 감염율이 없도록 노력
	③우리 생활에 도움이 되는 점은 무엇인가요?	질병이 없도록 해서 건강해주고 행복하게 해줌
우리가 만든 질문	아이들이 아프다고 징징대면 어떡하나요?	영유아 빨리 주사를 놓고 달래줌
	하루에 몇명정도 오시나요?	천명 (1000명)
	어린이들 위해 운영하는 프로그램이 있나요?	어린이 건강 체험관 (튼튼)
	오시는 분들중 가장 많이 앓고 있는 병은?	고혈압, 당뇨, 감핵
	다이어트에 어떤 도움을 줍니까?	신데이 파트

게 들려주었다. 부모님들이 써 주신 사례를 참고하여 학생들은 자신이 좋아하는 장소에 대한 글을 썼다.

결과물 만들기

학생들이 최종적으로 만들어야 할 결과물은 마을 책이다. 책 만들기 위해 교사는 '책 만들기' 강의를 진행했다. 책을 만든 사례와 책을 만드는 방법에 대해 안내한 후 학생들이 지금까지 학습한 내용을 토대로 어떤 책을 만들고 싶은지 논의하게 했다. 팀별로 마을 책을 만들 수도 있고, 학급 전체가 하나의 마을 책을 만들 수도 있다. 모든 학생이 협력하여 학급 전체가 하나의 마을 책을 만들기로 했다.

지금까지 학습한 내용을 바탕으로 학생들은 마을 책에 들어갈 내용에 대해 협의했다. 마을 책의 목차를 어떻게 구성할지에 대한 아이디어를 모았다. 그리고 조사나 학습이 더 필요한 내용은 추가 탐구를 하기로 했다. 각 팀은 자신들이 맡을 부분을 협의해서 정했다. 그리고 그동안의 학습 결과를 종합하여 마을을 소개하기 위한 책을 만들었다. 학생들의 작업을 돕기 위해 교사는 '설명하는 글쓰기' 방법에 대한 수업을 했다. 또한 책의 지면을 구성하는 방법에 대해 안내해 주었다.

학생들 개인의 책임을 강조하기 위해 팀 작업 안에서도 역할 분담을 통하여 모든 팀원이 참여할 수 있게 했다. 그리고 각 팀별 최종 결과물을 모아 학급의 마을 책을 만들었다. 마을책의 완성도를 높이기 위해 출판사 편집자와 연락해 우리가 만든 책에 대한 평가를 의뢰했다. 화상 전화를 통해 편집자와 연결하여 학생들은 궁금한 점을 묻고 자신들이 만든 마을 책에 대한 피드백을 받았다.

발표 및 성찰하기

학생들은 발표를 준비하면서 최종적으로 학습한 내용을 익히고 복습하게 된다. 학생들의 발표를 돕기 위해 발표 준비 시간에 리허설을 실시했다. 리허설을 통해서 학생들은 자신들의 잘된 점과 개선해야 할 점을 스스로 파악했다.

마을 책의 내용을 발표하는 자리에 2학년 동생들을 초대했다. 2학년 학생들은 3학년 학생들의 발표에 귀를 기울이고 매우 흥미로워 했다. 학생들은 2학년 학생들의 반응이 긍정적이자 뿌듯함을 느꼈다. 프로젝트 수업 발표가 끝나고 학생들과 프로젝트 수업 마무리를 축하하는 의미에서 놀이를 했다.

  다음 날 학생용 성찰지를 활용하여 프로젝트 수업 전체 과정을 돌아보았다. 탐구 질문에 대해 적절한 답을 했는지, 좋았던 점과 더 나은 방법은 없었는지 알아보았다. 학생들의 개인적인 학습 결과물은 포트폴리오로 만들어 성찰지와 함께 가정으로 보냈다. 열심히 학습한 결과를 부모와 함께 나누며 학생들은 프로젝트 수업의 성취감을 한 번 더 느꼈다.

'마을 관련 프로젝트 수업'에 도움이 되는 아이디어

마을 관련 프로젝트 수업 자료 수집에 도움이 되는 사이트

- '마을 공동체 지원센터' 사이트
- 구청, 시청, 도청 웹 사이트 : 문화, 관광, 공원 관련 게시판

마을 관련 프로젝트 아이디어 목록

마을의 자연 및 문화유산 보호하기	마을의 자랑거리 찾고 알리기	마을 여행코스 만들기	마을의 지속 가능한 발전 방안 만들기
마을의 불편한 점 개선하기	마을을 위해 봉사하기	마을 동아리 및 축제 참여하기	마을 이야기 수집 및 만들기

더 좋은 사회 만들기
'민주 시민' 프로젝트

교육 목적 중 하나는 민주 시민을 양성하는 것이다. 민주주의는 그냥 주어지는 것이 아니다. 시민들이 함께 힘을 모아 만들어 가는 것이다. 민주주의가 무엇인지 알아보는 지식 차원의 교육을 넘어 일상에서 민주주의적 가치를 파악하고 이를 실천해 보는 민주 시민 교육을 해야 한다.

초등학교에서 할 수 있는 민주 시민 교육에는 어떤 것이 있을까? 나에게 주어진 책임을 다하고 권리를 주장할 수 있는 수업을 할 수 있다. 학급이나 학교, 지역 사회의 일에 관심을 갖고 불편하거나 고쳐야 할 점이 있다면 이를 해결하기 위해 적극적으로 참여하는 수업을 해볼 수도 있다. 또한 실제 사회에서 일어나는 쟁점을 학생들과 토론하며 정책 결정을 해보고 이를 알리는 수업을 할 수 있다.

이와 같은 민주 시민 프로젝트를 통해 학생은 개인의 인간다운 삶

프로젝트 수업 개요

실시 학년	3학년
주제	노숙인 돕기
탐구 질문	노숙인을 어떻게 도울 수 있을까?
학습 활동 순서	관찰하기 → 문제 선정하기 → 문제 파악 및 질문 작성하기 → 조사 및 해결책 탐구하기 → 해결책 선정 및 실행하기 → 발표 및 성찰하기 (→ 후속 해결책 선정 및 실행하기)
활동 기간	3주
관련 과목	사회, 국어

을 살 수 있는 바탕을 마련하고, 더불어 잘 사는 공동체를 만들어 가는 주체로서의 역량을 키울 수 있다.

프로젝트 수업 도입하기

'민주 시민' 프로젝트 수업 시작 일주일 전에 학생들에게 다음 사항을 안내했다. "우리 학교나 우리 동네에서 불편한 점이나 개선해야 할 점이 있는지 살펴봅시다." 그리고 발견한 문제를 우리 스스로 해결해 보자고 이야기 했다. 배성호 선생님이 쓴 '우리가 박물관을 바꿨어요.' 사례를 들려주자 학생들이 매우 적극적인 의지를 보였다. 학생들은 일주일 동안 우리 주변을 관찰하며 불편한 점이나 개선할 점이 있는지 유심히 살펴보았다. 학생들에게 아래와 같은 문제점 예시 목록을 미리 보여주면 문제점을 찾아보는 데 도움이 된다.

문제점 예시

학급 및 학교	폭력, 쓰레기, 화장실, 놀이 및 휴게 공간 등
환경	재활용, 환경 보존, 유해업소 등
안전	교통안전, 유해물질, 식품 안전 등
공공 서비스	도서관, 놀이터, 공원, 보건소, 지하철, 구청 이용 등

일주일이 지나고 학생들과 그동안 경험한 것과 관찰한 것을 토대로 불편한 점과 개선해야 할 점에 대해 이야기하는 시간을 가졌다. 놀이터 놀이기구 파손 및 위생, 학급의 책상과 의자 교체, 빨리 바뀌는 신호등, 지하철 주변의 노숙인 돕기 등 많은 이야기들이 나왔다.

문제 선정하기

학생들과 하나하나 이야기 나누며 어떤 문제가 우리에게 가장 공감되는 문제인지 생각해 보도록 했다. 해결해 볼 문제를 선정하기 전에 학생들에게 문제 선정 기준에 대해 안내하는 것이 좋다. 검토 기준으로 '책임이 정부(공공기관)에 있는가?', '현실적으로 해결 가능한가?', '학생으로서 해결 가능한가?'이다.

학생들은 지하철 주변의 노숙인을 돕고 싶어 했다. 겨울이 다가오고 있어 날이 점점 추워졌기 때문이다.

문제 파악 및 질문 작성하기

지하철역 주변의 노숙인들을 돕기 위해 학생들과 함께 질문을 작성했다.
민주 시민 프로젝트 수업을 할 때 필수적으로 해야 할 질문은 다음과 같다.

- 문제의 원인은 무엇인가?
- 문제에 대한 책임은 어디에 있는가?
- 문제 해결을 위한 이전의 노력은 없었는가?
- 문제 해결을 위해 도움을 받을 곳이 있는가?

출처 : 민주화 운동 기념 사업의 사회 참여 발표 대회
홈페이지(http://youth.kdemo.or.kr/)

조사 및 문제 해결하기

조사를 해 본 결과 지하철역 근처에 노숙인 쉼터가 있었다. 학생들은 노숙인 쉼터 담당자와 면담 일정을 잡았다. 사전에 면담 목록을 상의했다. 쉼터에 가서 쉼터에서는 어떤 일을 하고, 우리가 노숙인들을 돕기 위해서 할 수 있는 일에는 무엇이 있는지 알아보았다. 노숙인 들의 대부분은 여러 쉼터에 보내진다. 하지만 쉼터에 가기를 거부하는 노숙인들이 있다. 쉼터에서는 노숙인들이 사회에 다시 나가 일할 수 있도록 돕는 프로그램을 진행한다. 하지만 아쉽게도 초등학생이 할 수 있는 일은 없다고 했다. 단, 프로그램 운영비가 모자란 부분에 대한 도움이 필요하다는 것을 알 수 있었다.

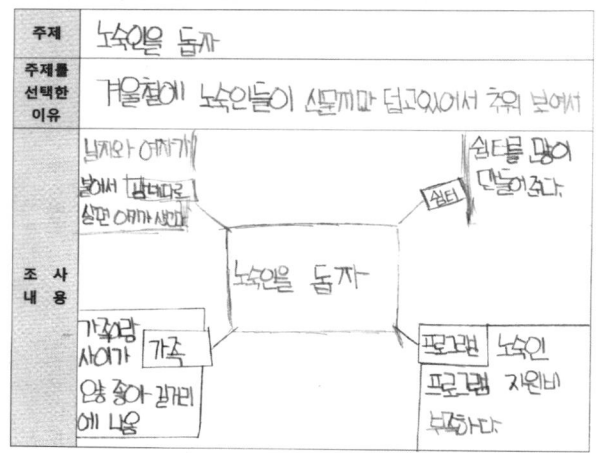

학생들과 함께 프로그램 운영비를 지원하는 구청의 담당 과를 알아냈다. 학생들은 담당자에게 연락했고, 담당자로부터 이미 예산이 책정되

어 있기 때문에 추가 지원은 어렵다는 답변을 들었다.

학생들과 더 할 수 있는 일이 무엇일지에 대해 상의했다. 학생들은 구청 사이트에 프로그램 지원비를 늘려달라는 제안을 하자고 했다. 학생들과 함께 내용을 작성하고 홈페이지에 제안을 했다. 하지만 돌아온 답변은 역시 추가 지원이 어렵다는 내용이었다.

제목	프로그램 지원비를 조금이라도 내주세요		
작성자	최○○		
공개 여부	공개		
답변 여부	답변 원함		
내용	안녕하세요. 저는 수송초등학교 3학년 6반 최○○입니다. 제가 이 편지를 보내는 이유는 구청 앞에 노숙자 분들이 많이 계셔서 도와드리고 싶어 이 편지를 드립니다. 제가 물론 나이가 어리지만 도울 수 있는 만큼 도와드리고 싶습니다. 저희가 면담을 받으러 노숙자 쉼터에 다녀왔는데 그곳에서는 노숙인 분들에게 밥도 제공해 주시고 일자리도 구해주십니다. 하지만 프로그램을 운영할 때 프로그램 지원비가 부족하다고 합니다. 이 프로그램 지원비를 조금이라도 지원해 주셨으면 합니다. 지원의 손길이 노숙인 분들에게는 큰 힘이 될 것입니다.		

담당 부서	생활보장과	담당자	장○○
답변일	2017. 01. 02	전화번호	02-000-0000
답변 내용	안녕하세요? 생활보장과 노숙인 담당자 장○○입니다. 최○○님이 제기하신 민원에 대하여 답변 드리겠습니다. 해당 시설은 규정상 지원할 수 있는 지원은 다 해드리고 있습니다. 그 외 필요한 부분은 후원금으로 충당해야 할 부분으로 알고 있습니다. 민원인님의 노숙인에 대한 따뜻한 마음 그분들을 대신하여 감사드립니다. 2017. 01. 02 노숙인 담당자 드림 02-000-0000		

후속 해결책 선정 및 실행하기

구청에 제안이 받아들여지면 그 결과를 홍보하는 것으로 프로젝트 수업을 마무리하려 했다. 하지만 문제가 쉽게 해결될 리는 없었다. 그래서 학생들과 더 할 수 있는 일이 무엇인지 다시 의논하기 시작했다. 학생들은 힘을 모아 프로그램 지원비를 모금하자고 했다.

프로젝트 최종 발표회로 노숙인을 돕기 위한 바자회를 열기로 했다. 학생들은 그동안 학습한 내용을 정리하고 왜 노숙인을 도와야 하는지 알리기 위한 준비를 했다. 친구들과 선생님, 학부모를 모시고 바자회를 진행했다. 비록 큰 금액은 아니었지만 학생들이 모은 돈을 노숙인 쉼터에 기부했다.

'민주 시민' 프로젝트 수업에 도움이 되는 아이디어
민주화운동기념사업회 사회 참여 발표대회 홈페이지(http://youth.kdemo.or.kr)를 참고하면 다양한 사례와 자료를 얻을 수 있다.

또한 아래의 학습지를 활용하면 학생들이 스스로 문제를 해결해 나가는데 도움을 줄 수 있다.

문제 파악 및 질문 작성 학습지

문제(주제) :

1. 여러분이 정한 문제는 현재 어떤 상황이고 얼마나 심각한가요?

2. 문제를 해결하기 위해 조사해야 할 것은 무엇인가요?(브레인스토밍)

3. 이 문제를 해결하기 위한 기존(이전)의 노력은 없나요?
   (정부 기관, 단체, 법률, 정책 등)

조사 방법 : 인터넷 검색, 관련 기관에 전화 및 방문 문의, 전문가 면담
조사 결과 작성 :
① 이 문제를 해결하기 위해 노력한 곳이 있나요?
   있다면 어떤 노력을 했나요?
   왜 해결되지 않았나요?

4. 이 문제의 책임은 어디에 있나요? (부탁하거나 도움을 받을 곳은 어디인가요?)

조사 방법 : 인터넷 검색, 관련 기관에 전화 및 방문 문의, 전문가 면담
- 문제와 관련한 책임이 있는 곳은?
- 부탁하거나 도움을 받을 곳은?
- 정보는 어디에서 모을 수 있나요?(인터넷 사이트나 기관 이름을 적으세요.)

자료 조사 및 해결책 선정 학습지

1. 더 필요한 정보를 조사하기 위한 계획을 세워 주세요.

조사 내용	정보 수집 방법	역할 정하기	조사 결과 정리

2. 이 문제를 해결할 수 있는 방법은 무엇인지 생각해서 써 주세요.

참고 : 민원 넣기, 서명 운동하기, 캠페인 활동하기, 부탁하는 글쓰기 등
※ 더 할 수 있는 활동 쓰기

선택한 해결 방법의 장점은?	선택한 해결 방법의 단점은?

3. 문제 해결을 위한 우리의 계획은?

무엇을		어디서	
왜		누가	
언제		어떻게	

4. 해결책 실행 후 잘된 점과 보완할 점은?

행복과 진로
'내가 좋아하는 것' 프로젝트

"'내가 좋아하는 것'에 대해 진지하게 생각해 본 적이 있는가?"

학생들에게 좋아하는 것이 무엇인지에 대해 물어보았다. 예상보다 쉽게 대답하지 못했다. 내가 좋아하는 것보다 남들이 바라는 것, 남들이 인정해 주는 것을 먼저 생각했기 때문이다. 인생에 있어 내가 무엇을 좋아하고 어떤 일을 할 때 행복한지 아는 것은 매우 중요하다. 자기 인식이 행복한 삶의 첫걸음이기 때문이다.

'내가 좋아하는 것' 프로젝트는 학생들이 궁금해 하거나 더 알고 싶어 하는 것을 탐구해보는 프로젝트 수업이다. 자신의 관심사와 학습이 연결될 때 학습은 더욱 즐거워진다. 내가 좋아하는 것 프로젝트를 할 때에는 학생들이 쉬는 시간과 점심시간에, 심지어는 방과 후에 자발적으로 남아서 공부하는 모습을 볼 수 있다. 학생들은 해마다 '내가 좋아하는

> **프로젝트 수업 개요**
>
> **실시 학년**   5학년
> **주제**   내가 좋아하는 것
> **탐구 질문**   내가 좋아하는 것은 무엇이고, 이것을 어떻게 알릴 수 있을까?
> **학습 활동 순서**   내가 좋아하는 것 탐색하기 → 목표 및 질문 작성하기 → 조사하기 → 조사한 자료 발표 및 공유하기 → 결과물 디자인하기 → 발표 및 성찰하기
> **활동 기간**   3주
> **관련 과목**   국어, 미술

것' 프로젝트를 가장 재미있는 프로젝트 수업으로 꼽는다.

'내가 좋아하는 것' 프로젝트를 통해 학생들이 자신의 삶을 행복하고 주체적으로 살아가는데 도움이 되었으면 한다.

프로젝트 수업 도입하기

'내가 좋아하는 것' 프로젝트는 주제 선정부터 탐구 및 결과 발표까지 모두 학생이 스스로 한다. 학생의 동기를 유발시키기 위해 선배들이 한 작품을 소개한다. 선배들이 조사하고 발표했던 영상, 프레젠테이션 자료, 책 등을 살펴보며 학생들은 '자신들도 정말 이런 주제를 공부할

수 있냐?'며 흥분을 감추지 못한다. 학생들에게 자유롭게 주제를 선택하도록 하지만 귀신, 범죄 등 정신 건강에 영향을 미치거나 교육적이지 않은 소재는 제외한다고 미리 알려주어야 한다. 그렇지 않으면 프로젝트 수업을 시작하기 전부터 '다 된다고 했으면서'라며 볼멘소리를 듣게 될 수도 있다. 초반에 이런 반응이 나오면 프로젝트 수업을 이끌어 가기가 예상보다 더 어려워질 수 있으므로 유의해야 한다.

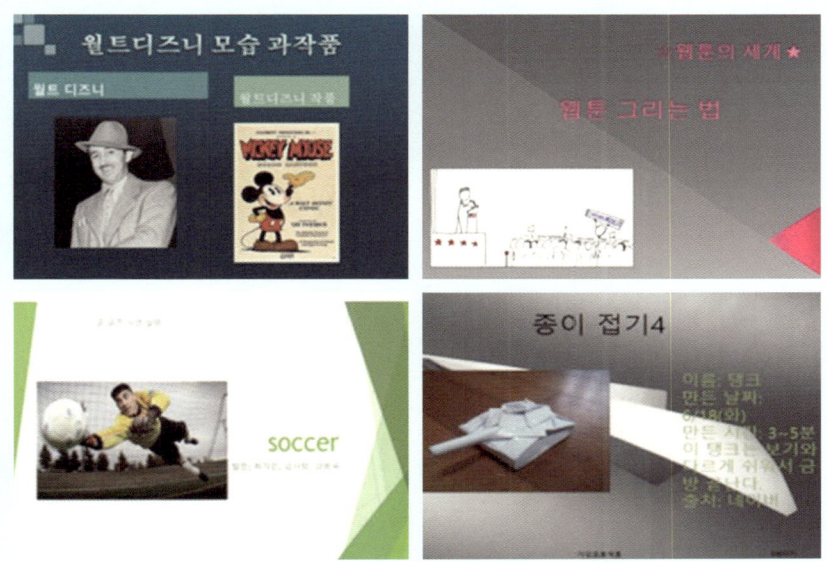

선배들의 결과 사례

개인 주제 선정하기

학생들에게 자신들이 좋아하거나 더 알고 싶은 것이 무엇인지 떠올려

보라고 했다. 하지만 학생들은 자신들이 좋아하는 주제를 떠올리기 어려워했다. 그동안 자신의 욕구를 들여다 볼 기회가 많지 않았기 때문이다.

학생들의 선택을 돕기 위해 주제를 정할 때 참고할 수 있는 목록을 개발했다. '주제 참고 목록'을 나눠주고 작성된 목록을 참고하여 자신이 관심 있는 주제를 선택하도록 했다. 만일 목록에 없지만 새로운 주제가 생각날 경우에는 빈칸에 쓸 수 있도록 했다. 학생들은 주어진 목록을 참고해서 자신의 개성에 따라 웹툰, 태권도, 종이접기, 자동차 등 다양한 분야의 주제를 선택한다.

주제 참고 목록

영역	주제
미술	디자인, 그림, 만들기, 만화, 웹툰, 캐릭터
동물	모기, 백상아리, 햄스터, 지렁이, 용, 멸종 위기의 동물, 독을 가진 동물
식물	토피어리, 나무, 꽃, 공기 정화 식물
음악	피아노, 바이올린, 드럼, 기타, 노래, 감상, 랩
인물	김연아, 세종대왕, 오바마, 문재인
레저, 스포츠	축구, 야구, 바둑, 장기, 스케이트, 보드게임, 태권도, 스쿠버다이빙
문화 및 문학	뮤지컬, 영화, 소설, 동화,
유물, 유적	만리장성, 피라미드, 미이라, 대동여지도, 숭례문, 경복궁, 거북선
공동체	가족, 친구, 우리 동네, 국가, 동아리, 지구 온난화, 나라
과학	두뇌, 자석, 날씨, 미세먼지, 마찰력, 사막, 우주, 비행기
생활	대화, 질병, 건강

직업	선생님, 요리사, 디자이너, 축구 선수, 바리스타, 농부, 의사
역사	이순신, 동학농민운동, 안중근, 한국전쟁, 베를린장벽, 위안부, 4·19, 5·18, 을사늑약, 프랑스혁명, 팔레스타인 분쟁, 나치
기타	요리, 패션, 집, 음식, 통일, 정치, 학교폭력, 돈, 행복, 영상

'내가 좋아하는 것' 프로젝트 수업은 개인 프로젝트로 진행하기에 적합하다. 각자 자신이 원하는 주제를 선택해서 탐구해 나갈 수 있기 때문이다. 하지만 초등학생이라는 여건을 감안했을 때 개인보다는 팀별로 진행하는 것을 추천한다. 개인 프로젝트가 성공적으로 수행되려면 두 가지 조건이 충족되어야 한다. 먼저 프로젝트의 전체 과정을 학생이 이해하고 있어야 한다. 두 번째로 스스로 조사하고 조사한 바를 정리하고 발표할 수 있는 역량이 뒷받침되어야 한다. 그렇지 않을 경우 개인의 부담이 너무 커져서 프로젝트 자체가 진행되지 않을 가능성이 있다. 학생들이 프로젝트 수업의 경험을 충분히 한 후에는 개인별로 '내가 좋아하는 것' 프로젝트 수업을 진행해 볼 수 있다.

팀 주제 선정하기

학생들이 각자 선정한 주제와 자신의 이름을 칠판에 적는다. 개인별로 선정한 주제에 대해 학생들과 함께 이야기 나누며 비슷한 종류끼리 유목화 한다. 학생들은 다른 친구들의 아이디어를 들으며 자기가 미처 생각하지 못했던 주제들을 확인하게 된다. 처음 생각했던 주제를 선택하는 경우도 있지만 이야기를 나눈 후에 주제를 변경하는 친구들도 생겨난다.

이제 팀을 짤 차례이다. 팀을 짤 때에 유의해야 할 점이 있다. 팀으로 학습한다는 사실을 학생들에게 사전에 알려주지 말아야 한다. 팀으로 학습하는 사실을 사전에 말해주면 친한 친구와 같은 팀을 하려고 주제를 바꾸는 경우가 발생할 수 있기 때문이다. 친한 친구끼리 팀을 꾸릴 경우 학습에 몰입하지 못하는 경우를 종종 보게 된다.

팀을 선정하는 기준은 '주제에 공통점이 있는가?'이다. 이미 유목화 했기 때문에 비슷한 주제를 가진 사람끼리 팀을 꾸릴 수 있다. 학생 혼자 진행하기에는 부담스럽기 때문에 3~4명이 한 팀을 결성하도록 돕는다.

탐구 질문 작성하기

팀별로 선택한 주제가 다르기 때문에 팀별로 각각 탐구 질문을 작성하게 된다. 탐구 질문이 프로젝트 수업의 방향성을 결정하기 때문에 교사는 탐구 질문 만드는 법을 학생 전체에게 안내한 후 팀별로 코칭해주어야 한다. 학생들에게 코칭할 때에는 '주제에서 가장 중요한 것은 무엇인가?', '나의 삶과 어떤 관련이 있는가?', '다양한 답이 가능한 열린 질문인가?'의 3가지 기준을 활용하도록 한다.

질문 작성 및 기본 지식 탐색하기

학생들은 자신들의 사전지식을 바탕으로 알아야 할 것과 궁금한 것에 대해 질문을 만들어 본다. 그 질문을 바탕으로 조사 계획을 세우고 탐색한다. 좋은 질문이 나오려면 주제에 대한 지식이 어느 정도 있어야 한다. 학생들이 자료 조사를 하며 더 좋은 질문을 만들 수 있도록 교사가 독려할 필요가 있다.

학생이 주제에 적합한 책이나 웹사이트 등을 찾는데 어려움을 겪을 경우 교사가 적절한 도움을 제공한다. 교사가 자료 조사 방법을 자세하게 안내해 주어야 학생이 스스로 자료 조사를 할 수 있다.

이 단계에서 심층적인 탐구를 위해 주제와 관련된 전문가 인터뷰를 할 수 있다. 토끼 캐릭터를 선택한 한 팀은 그 캐릭터를 만든 작가와 메일을 주고받으며 인터뷰를 했다. 작가와 인터뷰를 하면 직접 물어보지 않고서는 알 수 없는 유익한 정보를 얻을 수 있어 좋다. 캐릭터 하나를 만들기 위해 그동안 많은 스케치를 했던 경험 이야기와 캐릭터의 이름을 짓게 된 에피소드 등을 들을 수 있었다.

중간발표 및 개선하기

중간발표는 그동안 조사한 내용을 나누고 서로 배우는 시간이다. 지금까지의 학습을 통해 탐구 질문을 해결할 수 있었는지 확인한다. 만일 해결할 수 없다면 어떤 부분을 보완해야 하는지 아이디어를 나눌 수 있다. 주제는 다르지만 서로 아이디어를 주고받는 것을 통해 학생들은 결과의 완성도를 높일 수 있다. 보완할 점이 생기면 추가 조사를 실시해야 한다.

결과물 만들기 및 발표

발표를 위해 학생들은 결과물을 디자인하고 만든다. 가장 흔한 결과물은 프레젠테이션 자료 만들기 이다.

학생들 중 간혹 특이한 것에 관심을 갖는 아이들이 있다. 모기를 잡는 ○○킬라라는 살충제에 대해 조사를 한 아이가 있었다. 살충제 파동이 있기 전의 일이었다. 직접 모기약을 가져와 실물을 보여주며 발표했다. 많이 접해본 물건이지만 발표를 통해 새로운 사실을 알게 되니 같은 물건도 다르게 보였다. 발표 효과도 좋았다. 그때는 그 약이 모기의 근육을 마비시켜 죽인다는 사실에 놀라워하기만 했었다. 인체에 대한 유해성은 생각지 못한 것이다.

컴퓨터를 좋아하는 한 학생은 인터넷 익스플로러에 대해 안내했다. 익스플로러의 역사와 기능을 동영상으로 제작하여 상영했다. 영상을 발표하며 설명하는 학생의 박학다식함에 모두 탄성을 질렀다.

뽀로로를 조사한 친구도 있었다. 만화에 대해서만 이야기할 것이라 예상했는데 뽀로로의 수출과 경제적 효과 등에 대한 이야기를 통해 재미와 의미를 동시에 살렸다.

'내가 좋아하는 것' 프로젝트 수업에 도움이 되는 아이디어

학생들이 제시하는 주제 중 게임과 같은 주제는 학교에서 진행하기에 민감한 소재일 수 있다. 하지만 주제 선택에 너무 많은 제한을 할 경우 학생의 학습 동기가 떨어질 수 있다. 이럴 경우 교사가 적절히 개입하여 학생이 탐구할 수 있도록 함께 방향을 설정할 필요가 있다. 예를 들어 게임의 경우 '인기 있는 게임의 특징은 무엇인가?'와 같이 학생들이 조사하고 분석해 볼 수 있는 탐구 질문을 함께 만든다면 학교에서 진행하기 적합한 프로젝트가 될 수 있다.

저학년의 경우 자료 조사를 하는데 한계가 있으므로 학생들이 직접 눈으로 보고 관찰할 수 있는 주제를 선택하도록 하는 것이 바람직하다.

내가 좋아하는 것 프로젝트 수업은 한 번만 시행하기보다는 1년 동안 2~4회 주기적으로 실시하는 것이 좋다. 이를 통해 학생들이 자신의 관심사를 다양하게 탐구하고, 한 가지 주제를 깊이 있게 탐구할 수 있는 기회를 부여할 수 있다.

학교폭력예방을 위한 '친구 사귀기' 프로젝트

우정에도 속도가 있다. 어떤 사람은 빨리 가까워지고 싶어 한다. 이런 사람은 우정의 속도가 빠르다 할 수 있다. 반면 어떤 사람은 천천히 친해지고 싶어 한다. 이 사람은 우정의 속도가 느린 편이다. 우정을 가꾸어 나가려면 상대방의 우정의 속도를 이해하고 존중해야 한다. 우정의 속도차로 인해 오해하고 사이가 멀어지지 않도록 학기 초에 '친구 사귀기' 프로젝트를 진행한다.

학생들이 많은 시간을 보내는 학교는 선생님과 수업을 하는 곳이기도 하지만 친구들과 교류하고 관계하는 법을 배우는 장이기도 하다. 친구와 마음이 맞지 않아도 잘 지낼 수 있는 법과 사람들과 관계할 때 꼭 필요한 내용은 학생의 삶에 매우 중요하다. 특히 학교폭력이 일어나기 전에 예방적 차원에서 관계하는 법을 가르칠 필요가 있다.

프로젝트 수업 개요

실시 학년	3학년
주제	우정
탐구 질문	친구와 친해지고 우정을 유지하려면 어떻게 해야 할까?
학습 활동 순서	친구 정하기 → 선택 활동 계획 세우기 → 필수 활동 및 선택 활동하기 → 나의 관계 설명서 디자인 및 작성하기 → 발표 및 성찰하기
활동 기간	3주
관련 과목	국어, 도덕

프로젝트 수업 도입하기

"여러분은 친구와 친해질 때 어떤 말과 행동을 하나요?"

학생들에게 '친구 사귀기' 프로젝트를 시작할 때 항상 던지는 질문이다. 학생들은 대부분 "인사해요, 같이 놀자고 해요"라고 답한다. 초등학생이기 때문에 함께 시간을 보내는 것만으로도 충분히 친해질 수 있다. 하지만 깊은 우정을 쌓기 위해서는 더 많은 것을 알아야 한다.

"마음이 잘 맞는 친구하고는 누구나 잘 지낼 수 있어요. 하지만 마음이 맞지 않는 친구와도 잘 지낼 수 있어야 해요. 그것이 우리가 다른 사람과 함께 살아갈 수 있는 지혜예요. 이 공부를 잘하면 어른이 되어서도 이웃하고 잘 지낼 수 있어요. 이제부터 선생님과 함께 친구를 잘 사귀고 우정을 깊게 하는 법에 대해 탐구해 봐요. 관계도 능력이랍니다. 알아야 친구도 잘 사귈 수 있어요."

친구 정하기

친구 사귀기 프로젝트는 짝을 이루어 진행한다. 짝을 뽑을 때에는 학생이 원하는 짝으로 진행해본 경우도 있었다. 하지만 모두가 짝을 하고 싶어 하지 않는 학생이 있을 경우가 있다. 그래서 제비뽑기를 통해 짝을 선정하는 것을 더 선호한다. 뽑기로 뽑았는데 재선정하는 경우도 있다. 단짝 친구끼리 짝이 된 경우와 사이가 많이 좋지 않은 친구와 짝이 된 경우이다. 단짝 친구는 이미 잘 지내기 때문에 따로 연습할 필요가 없다. 사이가 많이 안 좋은 친구들의 경우에는 처음에는 서로 이해를 하지만 시간이 지나면서 다시 싸우게 된다. 그래서 화해시키느라 애를 먹게 된다. 짝을 정하고 나서 교사는 학생들에게 활동을 하면서 지켜야 할 사항을 안내해 주어야 한다. 안내해야 할 사항은 다음과 같다.

친구 사귀기 할 때 지켜야 할 일 여섯 가지
- 한 일은 반드시 사진이나 글로 남기기
- 중간에 싸웠다고 짝 바꿔 달라고 하지 않기
- 선택 활동은 반드시 부모님의 허락을 받고 진행하기
- 조용한 곳에 앉아 10분 이상 이야기 나누기
- 놀 때는 땀 흘려 뛰어 노는 활동을 꼭 같이하기

- 내가 잘하는 것 가르쳐주고, 친구가 어려울 때 돕기

　활동을 하면서 꼭 기록을 남겨야 한다. 짝과 함께 활동한 사진과 기록이 있으면 결과물을 만들 때 큰 도움이 되기 때문이다. 친구와 활동을 하다보면 싸우는 경우가 있다. 싸우고 화해하는 것도 배움의 과정이다. 그래서 중간에 짝을 바꿀 수 없도록 한다. 학생들의 선택 활동이 학교 밖에서 진행되는 경우도 있다. 안전이 중요하고 부모님의 관심과 배려가 필요하기 때문에 꼭 부모님의 허락을 받고 활동할 수 있도록 안내해야 한다.

선택 활동 계획 세우기

친구와 친해지기 위해서 정해진 짝과 함께 다양한 활동을 하게 된다. 학생들에게 자신들이 원하는 것을 할 수 있는 시간과 기회를 준다. 이를 돕기 위해 선택 활동 학습지를 제공한다. 학생들은 활동 목록을 참고하여 자신들만의 계획을 세운다. 학생들이 학원에 다녀 바쁠 경우를 대비하여 학교에서 짧은 시간에 할 수 있는 활동도 목록에 넣었다.

학생들에게 추천하는 활동 목록
- 숙제 같이하기
- 칭찬 및 고마움 표현하기
- 같이 뛰어놀기

- 산책하기
- 교문 앞 혹은 집까지 같이 가기
- 급식 같이 먹기
- 쉬는 시간 5분 대화하기
- 간식 같이 먹기
- 편지 쓰기
- 공동 작품 만들기

그 후 학생들에게 탐구 질문을 안내한다. "'친구와 친해지고 우정을 유지하려면 어떻게 해야 할까?' 이에 대한 해결책을 마련하며 여러분은 친구와 활동을 하게 될 거예요." 학생의 참여를 독려하기 위해 학생의 생각과 경험을 먼저 이야기 나눈 후 교사가 준비한 수업을 한다. 그리고 학생에게 탐구 과제를 내준다.

학생 경험, 생각 나누기	→	수업하기	→	학생 탐구 과제
- 친구와 친해지려면 어떻게 해야 하는가?		- 공통점 찾기 - 우정의 속도		- 친구와 친해지는 법

"친구와 친해지려면 어떻게 해야 할까요?"라고 질문하며 학생들의 경험과 생각을 나눈다. 다음으로 교사가 학생이 꼭 알아야 할 것에 대한 수업을 진행한다. 수업이 끝날 때 학생들에게 과제를 제시한다. "여러분이 선생님과 함께 수업을 하고, 친구와 선택 활동을 하면서 생각한 '우리만의 친해지는 법'을 정리해 주세요." 이렇게 하면 학생의 적극적인 참여를 유도할 수 있다.

필수 활동 및 선택 활동 하기

학생들이 꼭 알았으면 하는 활동들은 필수 활동으로 제시하여 학생들에게 안내한다. 주로 하는 필수 활동으로는 '공통점 찾기', '우정의 속도', '관심 갖고 시간 투자하기', '부탁과 거절', '내가 바라는 친구의 특징', '내가 되고 싶은 친구로서의 모습' 등이다.

필수 활동을 한 후에는 가능하면 자신들이 원하는 '선택 활동'을 할 수 있도록 시간을 안배한다. 필수 활동으로 꼭 알아야 하지만 학생들이 스스로 학습하기 어려운 내용을 제공한다. 선택 활동은 학생들이 스스로 하고 싶은 활동이기 때문에 언제나 즐겁게 참여한다.

결과물 디자인 및 만들기

지금까지 했던 필수 활동과 선택 활동, 자신들이 조사한 내용을 모두 정리한다. 학생들과 함께 결과물인 '나의 관계 설명서'에 들어갈 항목을 선정한다. 추가로 들어갈 항목에는 무엇이 있는지 토의한다. 토의의 결과로 결정된 '나의 관계 설명서'에 들어갈 항목은 다음과 같다.

나의 관계 설명서

나의 관계	나의 친구
- 나의 특징 - 내가 바라는 친구 - 내가 되고 싶은 친구 - 나와 친해지려면? - 나에게 우정이란?	- 친구의 특징 - 가장 친해진 계기 - 새롭게 알게 된 장점 - 친해진 우리만의 비법 - 이 친구와 친해지려면?

발표 및 성찰하기

학생들은 발표를 하며 자신과 친구에 대해 깊이 있게 생각하게 된다. 나는 어떤 사람이고 내가 어떻게 관계하는지에 대해 보다 명확히 이해하게 된다.

참고 도서

- 《어린이를 위한 친구 관계의 기술》 정우진, 위즈덤하우스

- 《행복한 교실》 강승욱, 보리

'친구 사귀기' 프로젝트 수업에 도움이 되는 아이디어

- 활동을 시작할 때부터 꾸준히 사진, 영상, 글쓰기 등 기록의 중요성을 강조한다. 교사는 학생들의 기록을 수시로 점검한다.
- 학생들과 '나의 관계 설명서'에 들어갈 항목을 미리 협의하고 활동을 진행하면 결과물을 더 알차게 만들 수 있다.
- 도움이 되는 가이드맵

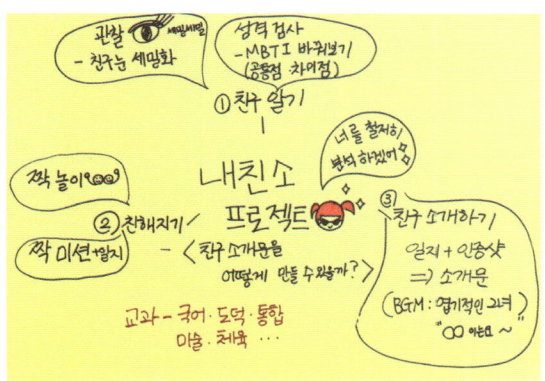

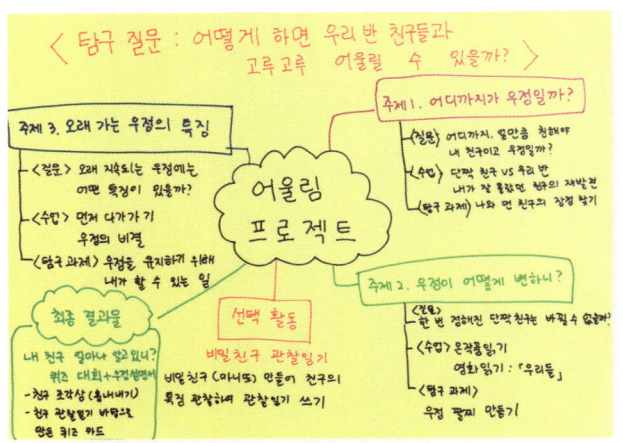

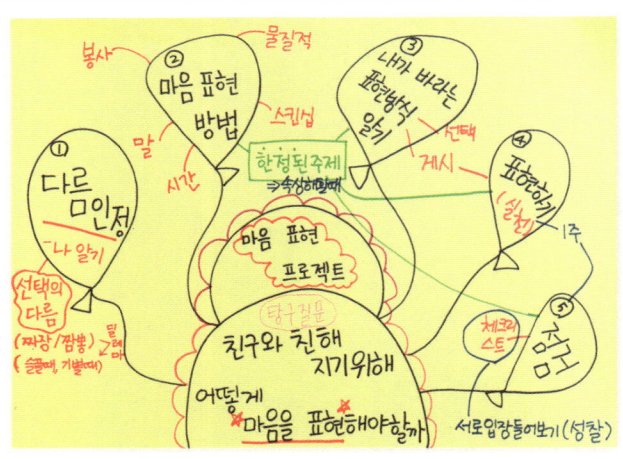

즐기며 공부하는 체험부스
'전통문화 체험' 프로젝트

놀이를 책을 통해서 배우는 것이 효과적일까? 참 어리석은 질문이 아닐 수 없다. 놀이는 직접 놀면서 배울 때 가장 잘 배울 수 있다. 경험할 때 가장 효과적으로 학습할 수 있는 내용이 있다. '전통문화'와 같은 주제는 실물을 보고 체험해보며 학습해야 더 잘 이해가 된다.

박물관이나 지역 축제 등에 가면 다양한 체험 부스를 경험할 수 있다. 체험 부스를 교실이나 학교로 옮겨와서 진행하는 것이 체험 부스 프로젝트이다. 학습 내용을 체험으로 배우는 '체험 부스' 프로젝트는 준비하기 어렵지 않으면서도 재미있다.

프로젝트 수업 개요

실시 학년	5학년
주제	우리 전통문화의 우수성 알리기
탐구 질문	우리 전통문화의 우수성을 알리는 체험 전시회를 열려면 어떻게 해야 할까?
학습 활동 순서	도입하기 → 배경 지식 학습 및 주제 선정하기 → 체험 전시회 기획하기 → 자료 조사를 위한 질문 만들기 → 자료 조사 및 중간발표하기 → 체험 전시회 부스 디자인하기 → 리허설 및 최종 발표
활동 기간	3주
관련 과목	국어, 미술

프로젝트 수업 도입하기

교장 선생님의 편지가 도착했다. 학생들에게 다음과 같은 교장 선생님의 편지를 안내하며 프로젝트 수업의 시작을 알린다. 학생들은 학교의 최고 권위자인 교장 선생님의 메시지를 통해 프로젝트 수업을 보다 적극적으로 참여하려는 동기를 얻게 된다.

전통문화 체험 프로젝트

안녕하세요 저는 ○○초등학교 교장 ○○○입니다. 저는 오래전부터 우리의 전통문화가 가진 우수성을 학생들에게 알리고 싶었습니다. 우리 학교의 저학년 학생들도 한국의 전통문화에 대해 깊이 있게 이해하기를 바랍니다. 그런데 교장인 제가 설명하면 1, 2학년 학생들이 설명이 너무 어렵다고 이야기합니다.

마침 ○○초등학교 5학년 5반에서 한국 전통문화를 공부하는 중이라고 들었습니다. 우리 전통문화의 우수성을 알리고 전파하기 위해 5학년 5반 학생들이 전통문화 체험 전시회를 기획해주세요. 1, 2학년 학생들이 우리 전통문화의 우수성을 잘 이해할 수 있도록 쉽고 재미있는 체험 전시회를 부탁합니다.

○○초등학교 교장 ○○○

필수 활동하기

전통문화 체험 전시회를 준비하려면 학생들은 먼저 전통문화에 대해 기본적인 지식을 학습해야 한다. 교과서를 보며 우리의 전통문화에는 어떤 것들이 있는지, 어떤 특징을 갖고 있는지 학습한다. 전통문화에 대한 배경 지식이 쌓인 후 학생들은 스스로 탐구할 수 있는 질문을 만들 수 있게 된다. 배경 지식이 있어야 좋은 질문을 만들 수 있기 때문이다.

이후 각 팀별로 체험 부스에서 체험할 주제를 선정한다. 학생들은 협의를 통하여 자신들이 원하는 학습 주제를 선택한다.

학생들은 우리의 전통문화 중 예절과 다도, 전통 놀이, 전통 음식, 미술의 주제를 선택했다.

심화 활동하기(체험 전시의 기획)

주제를 선정하고 나면 체험 부스에 무엇을 전시하고 어떻게 체험하게 할지 결정해야 한다. 체험 부스를 운영하려면 보통 체험할 활동, 전시할 물건이나 작품, 그리고 전통문화에 대한 설명을 준비해야 한다. 학생들은 체험 활동을 준비하는데 흥미를 느끼고 열중한다. 하지만 자칫 체험에만 몰두하면 학습을 소홀히 할 수 있다. 선택한 주제에 대한 설명을 충분히 준비하면 이를 예방할 수 있다.

학생들이 기획한 체험, 전시, 설명에 대한 계획
예절과 다도팀
- 체험 : 차를 직접 마시며 지켜야 하는 예절을 체험해 본다.

   한복을 직접 입어보고 절차에 맞추어 절하는 방법을 체험한다.
- 전시 : 다기 세트, 한복, 다도 설명 자료
- 설명 : 다도와 한복에 대한 설명 자료를 보며 설명하기, 예절의 필요성

전통놀이팀
- 체험 : 투호, 고누놀이, 비석치기, 공기놀이
  놀이 체험 후 전통 놀이에서 재미있는 요소를 찾아본다.
- 전시 : 전통 놀이 도구, 전통 놀이 방법 설명 자료
- 설명 : 각 놀이의 유래와 방법 및 우수성

전통 음식팀
- 체험 : 김치를 담그는 방법 모형 체험
  떡 시식회
- 전시 : 김치와 떡의 유래 및 만드는 방법 설명 자료
- 설명 : 김치의 우수성

자료 조사를 위한 질문 만들기

기획이 끝나면 선택한 주제에 대해 더 많은 정보를 얻기 위해 자료 조사를 해야 한다. 조사를 실시하기 전에 좋은 질문을 충분히 만들어야 조사를 효율적으로 진행할 수 있다.

학생과 함께 우리 전통문화의 우수성을 알리기 위해 꼭 알아야 할 것이 무엇인지에 대해 이야기 나누고 필수 질문을 만든다. 선택 질문은 꼭 알아야 할 필요는 없지만 학생 자신들이 관심있는 내용으로 작성한 질문이다. 각 팀별로 필수 질문은 동일하지만 선택 질문은 다를 수 있다.

필수 질문

전통문화의 유래

- 만들거나 활동하는 순서나 방법은 무엇인가?
- 우수한 점은 무엇인가?
- 관련된 재미있는 점이나 중요한 점은 무엇인가?

선택 질문

- 공기놀이에 사용되는 공기는 왜 5개로 할까?
- 김치는 왜 유산균이 나오는가?
- 한복에 색은 어떻게 입혔을까?

자료 조사 및 중간발표하기

인터넷, 도서, 현장 학습, 전문가 인터뷰 등 다양한 방법으로 자료를 조사하며 학습 주제를 탐구한다. 조사한 결과에는 어려운 단어나 이해하기 어려운 내용이 있다. 이런 내용은 학생 자신의 말로 바꾸어 쉽게 표현하게 해야 한다. 그렇지 않을 경우 자신도 이해하지 못한 내용을 다른 사람에게 설명하게 되고 질문이 나오면 대답하지 못한다. 또한 탐구 주제에 대해 충분히 학습했다고 할 수 없다. 그래서 반드시 조사한 내용은 학생의 말로 바꾸어 표현하게 하여 자신이 먼저 내용을 이해할 수 있도록 해야 한다.

조사가 어느 정도 진척이 되면 내용을 정리하여 다른 팀의 친구들과 함께 나누는 시간을 갖는다. 이를 중간발표라 한다. 중간발표를 통해 학생들은 자신들이 선택하지 않은 주제도 학습할 수 있다. 발표가 끝나면 발표 내용에 대해 질의응답 시간을 갖는다. 질문에 대한 답변이 충분하지 않을 경우 최종 발표를 위해 무엇을 더 준비해야 할지 파악할 수 있게 된다.

체험 전시회 부스 디자인하기

주제에 대한 내용 학습이 모두 끝난 후에 체험 부스 디자인을 한다. 전시물을 어디에 놓을지, 체험할 용품은 어떻게 마련할지, 무엇을 만들어야 할지에 대해 아래의 예시와 같이 학생들이 직접 그림을 그려 디자인 해본다.

체험 부스 디자인 예시

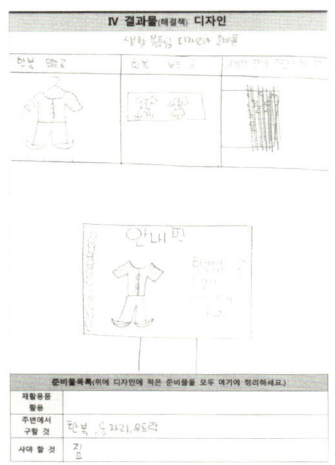

미술시간을 활용하여 체험 부스의 간판을 아래와 같이 디자인한다.

리허설 및 최종 발표

최종 발표 전에 자체 리허설을 꼭 해야 부족한 점을 찾고 보완하여 성공적인 발표를 할 수 있다. 학생 팀은 총 4팀이면 2팀이 먼저 준비한 체험 부스를 운영하고 나머지 2팀은 청중으로 참여한다. 체험이 끝나면 아래 사진과 같이 본받을 점과 고쳐야 할 점에 대해 이야기 나눈다. 이번에는 역할을 바꾸어 진행한다.

    리허설 후에 최종 발표를 한다. 발표 후 프로젝트 완수를 축하하고 평가하는 시간을 갖는다. 프로젝트 수업 과정에서 나온 학습 결과물은 포트폴리오로 정리한다.

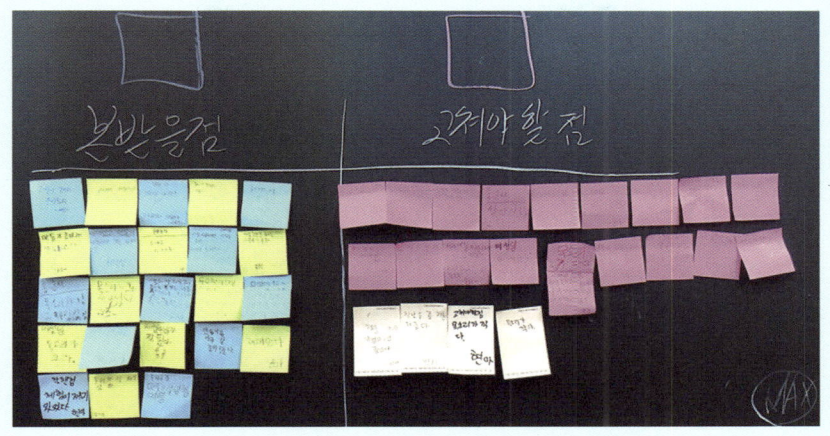

부스 체험 프로젝트에 도움이 되는 아이디어

부스 체험 프로젝트가 가능한 각 과목별 주제

- 사회 : 우리 지역의 자랑거리, 문화유산, 전통문화(전통문화의 하위 주제 : 의생활, 식생활, 주생활)
- 과학 : 태양계와 행성, 별자리(행성의 하위 주제 : 수성, 금성, 지구, 화성, 목성, 토성, 천왕성, 해왕성)
- 실과 : 재활용(재활용의 하위 주제 : 재활용 설명 연극, 재활용 체험, 재활용품 활용 물건 만들기)

설명을 위한 시각 자료 만드는 방법 안내하기

학생들이 아무 자료 없이 설명을 하게 되면 청중이 이해하기 어렵다. 학생 설명에 대한 청중의 이해를 돕기 위해 시각 자료를 만들어 보자. 학생에게 다음과 같이 안내할 수 있다.

① 핵심적인 내용을 그림으로 표현하기, 사진은 잘 보이도록 크게 하기
② 핵심 내용을 문장이 아닌 단어 중심으로 요약해서 작성하기
③ 중요도에 따라 글씨 크기 다르게 하기
: 팀 제목 → 핵심 주제 → 내용 순으로 글씨 크기를 점진적으로 작게 해 나간다.

설명 자료를 1차로 완성하면 서로의 작품을 둘러보게 한다. 이 과정에서 어떤 부분을 잘했고, 어떤 부분을 보완해야 할지 학생 스스로 파악하게 한다.

백문이 불여일견! 역사 현장 학습 '괴물들이 사는 궁' 프로젝트

"역사가 이렇게 재미있는지 몰랐어요!"

학생들과 '괴물들이 사는 궁' 프로젝트 수업을 하며 경복궁으로 역사 현장 학습을 다녀왔다. 자신들이 궁금해 하는 장소와 그곳과 관련된 역사적 사건과 인물을 탐색하며 학생들은 역사 공부가 재미있다고 했다. 궁궐의 각 장소에 숨겨진 의미를 찾아내고, 역사적 사건이 일어난 장소를 눈으로 확인하면서 학생들은 살아 있는 역사를 만난다. 우리 문화재의 소중함을 알아가는 것은 덤이다.

현장 학습이 의미 있게 진행되려면 학생들이 사전에 역사적 현장과 관련된 사실을 공부해야 한다. 현장 학습 당일 학생들은 교사가 짠 미션을 실행하며 즐거운 활동도 하고 학습도 한다. 현장 학습을 통해 실제로 보고 들으며 얻은 경험을 통해 학생들은 교실에 돌아와 자신들이 초등학생 문화재 해설사가 되어 해설을 진행했다.

프로젝트 수업 개요

실시 학년	5학년
주제	조선 전기의 역사 학습
탐구 질문	초등학생 문화재 해설사가 되려면 어떻게 해야할까?
학습 활동 순서	도입하기 → 핵심 내용 및 선택 내용 탐구하기 → 현장 학습 하기 → 사후 학습하기 → 최종 발표하기
활동 기간	4주
관련 과목	사회, 국어, 미술

도입하기

역사 현장 학습 프로젝트 수업을 진행할 때에는 선배들이 찍었던 현장 학습 미션 사진을 보여줬다. 아래의 예는 경복궁에 현장 학습을 갔을 때 학생들이 집현전 앞에서 'ㄱ, ㄴ, ㄷ, ㄹ'을 몸으로 표현하는 모습이다. 현장 학습을 가서 노는 듯, 공부하는 듯 학습할 수 있다는 측면에서 학생들은 역사 현장 학습 프로젝트 수업을 좋아한다.

학생들의 동기를 유발시키기 위해 궁궐에는 괴물들이 아주 많다고 했다. 실제로 궁궐에는 조각과 그림에 상상의 동물들이 가득하다.

필수 활동 및 심화 활동

교과서를 살펴보며 꼭 알아야 할 핵심 내용을 선정하고 정리했다. 학생들은 역사적 인물, 장소, 유물, 사건 등을 학습하며 궁금한 내용을 질문으로 만들었다.

 기본적인 학습이 끝나면 학생들은 자신이 해설하고 싶은 경복궁 장소나 인물을 선택한다. 다음과 같은 양식을 주어 학생이 선택하는데 도움을 줄 수 있다.

경복궁 관련 인물 예시

세종대왕 : 훈민정음 창제
태조 이성계 : 조선 건국
태종 이방원 : 강력한 왕 중심의 조선을 세움. 세종을 왕으로 세워 조선 초기 안정시킴
정도전 : 수도를 한양으로 결정하고 경복궁을 설계
장영실 : 측우기, 자격루, 앙부일구, 혼천의 개발
소현세자 : 청나라를 배워 실력을 기르자고 주장. 당시 병자호란의 치욕을 당하고 청나라를 공격하자는 주장이 많았음.
세조 : 경국대전을 만들어 민생 안정과 왕권 강화에 공을 남김.

...

역사적 인물이나 사건을 탐색하고 자신이 조사해보고 싶은 건물을 선택하시오.

건물 이름	근정전	강녕전	교태전	경희루	
담당자					
선정한 이유					

선택 후 자신이 선택한 장소에 대한 내용을 조사했다. 이때 학생이 문화재 해설에 필요한 내용을 스스로 찾기는 매우 어렵다. 참고할 도서와 인터넷 사이트를 교사가 학생들에게 제시했다.

참고 도서

- 쏭내관의 재미있는 경복궁 기행, 송용진, 홍건국, 지식프레임
- 경복궁, 손용해, 주니어김영사

지도 학습 및 사전 학습하기

현장 학습을 가기 전 경복궁 지도를 보며 어떤 건물이 어디에 있는지 학습을 했다. 학생들은 각 팀별로 미션을 수행하며 경복궁을 돌아다녀야 하기 때문이다. 특히 각 건물의 명칭은 한자로 되어 있으므로 한자 옆에 한글을 명기해 주는 것이 좋다. 안전과 원활한 진행을 위해 각 팀별로 함께 다닐 학부모 명예교사도 섭외했다. 경복궁에서 지켜야 할 관람 예절은 꼭 사전에 교육해야 한다. 궁궐은 공원이 아니라 아끼고 지켜야 할 소중한 문화재이기 때문이다.

궁궐 관람 예절

- 큰소리로 떠들지 않고 조용히 관람하기
- 문화유산 소중히 다루기
- 궁궐에 있는 새나 물고기에게 먹이 주지 않기
- 뛰어다니지 않고 걸어다니기
- 음식물은 지정된 장소에서만 먹기

의미있는 현장 학습이 되기 위해서는 현장 학습에 가서 무엇을 보

고 조사해야 할지 미리 결정을 해야 한다. 현장의 사진이 필요하다면 카메라를 챙기고 어느 곳의 어디를 찍을지 구체적으로 정하도록 한다. 인터뷰를 해야 한다면 먼저 담당자를 섭외하고 인터뷰에 필요한 질문을 만들도록 한다.

목적에 따른 사전 정보 수집 목록

목적	현장 학습 당일 수집해야할 정보
유물 스토리 창작	유물 선택하기, 스케치하기, 사진찍기 등
투어 가이드 책 만들기	사진, 투어 동선 계획, 맛집 확인 등
문화재 해설사 대본 만들기	실제 해설 듣기, 사진찍기, 인터뷰 질문 작성하기 등

현장 학습하기

충분한 학습이 이루어진 후에 학생들과 함께 현장 학습을 갔다. 학생들은 직접 경복궁을 둘러보며 미션을 수행했다.

그리고 자신들이 진행할 문화재 해설에 필요한 정보를 수집하기 위해 현장 조사를 실시했다. 정보를 수집할 때에는 사진 촬영, 스케치, 리플렛 수집, 전문가 인터뷰의 방법을 활용할 수 있다.

학생들이 즐겁게 활동할 때 교사는 안전을 점검하고 학생이 미션을 잘 수행할 수 있도록 돕는 역할을 한다. 미션을 마치면 미션지는 교사가 수합해야 분실을 예방할 수 있다.

미션지 예시

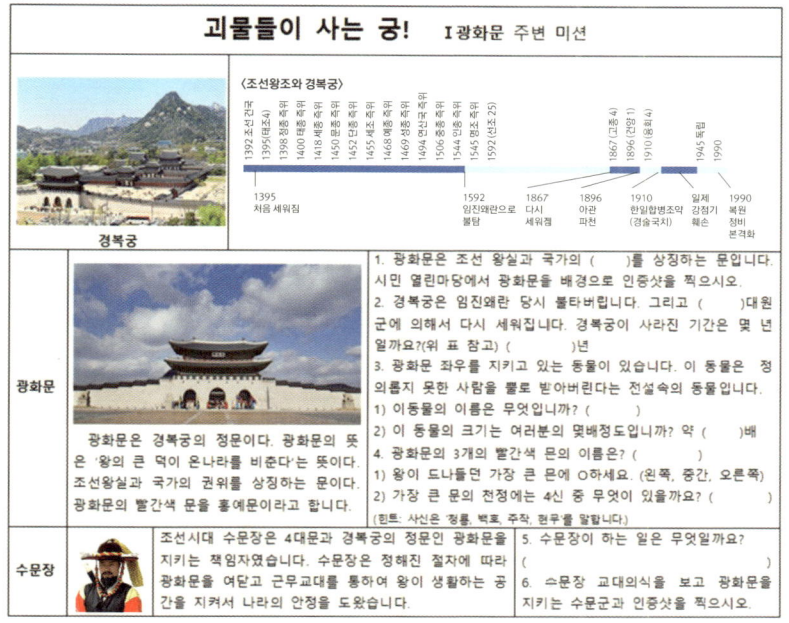

문화재 해설을 위한 대본 쓰기

현장 학습이 끝나면 학생들이 수행한 미션지는 추후 학습을 위한 자료로 활용한다. 그리고 학생들이 수집한 정보를 문화재 해설을 하기 위해 다시 정리했다. 현장 학습을 다녀온 후에도 문화재 해설에 필요한 자료를 추가로 조사했다. 학생들에게는 인물과 장소 중 어떤 부분에 중점을 두어 해설을 할지 관점을 정하고 해설을 위한 대본을 쓰도록 했다.

해설에 들어갈 내용

- 인물 중심 해설 : 장소와 관련된 인물의 생애 및 업적, 인물과 관련된 중요하거나 재미있는 일화, 소개하고 싶은 이유 등
- 장소 중심 해설 : 건축물의 특징, 그곳에서 일어난 사건, 사건과 관련된 인물의 일화, 소개하고 싶은 이유 등

학생들이 문화재 해설을 어떻게 준비해야 할지 막막해 할 경우 다음과 같은 예시를 줄 수 있다.

문화재 해설 대본 예시 〈창덕궁 낙선재 헌종의 사랑 이야기〉

낙선재에는 헌종 왕의 사랑 이야기가 얽혀있습니다.

1834년 순조가 세상을 떠나고 헌종은 8살의 어린 나이로 왕위에 오르게 됩니다. 나이가 너무 어려서 대왕대비인 순원왕후가 대신 나라를 통치했습니다. 이것을 수렴청정이라 합니다.

왕후가 되려면 총 3번의 간택을 받아야 합니다. 3번의 인터뷰를 보는 셈이지요. 간택을 받기 위해 여인들이 궁궐문을 넘어갈 때에는 문지방 아래에 깔린 솥뚜껑 꼭지를 밟고 지나가야 합니다. 솥뚜껑 꼭지를 밟고 지나가는 이유는 세속의 부정한 악귀를 물리치고 순탄하게 살 수 있기를 기원하는 의미가 담겨있다고 합니다.

3번째 간택을 하는 자리에서 헌종과 순원왕후는 3명의 여인들을 보고 있었습니다. 그런데 헌종은 경빈김씨를 보자 한눈에 반합니다. 그러나 순원왕후는 헌종의 마음과 달리 홍씨를 간택합니다.

헌종은 이후에도 경빈김씨를 잊지 못하고 결국 후궁으로 맞이하게

됩니다. 헌종은 경빈김씨를 위해 낙선재를 짓도록 합니다. 그러나 기쁨도 잠시… 3년 후 헌종은 생을 마감합니다. 왕이 죽으면 후궁은 궐을 나가야 합니다. 결국 경빈김씨는 자신을 위해 지어진 낙선재를 떠나게 됩니다.

문화재 해설사가 되어 발표하기

실제 경복궁에서 학생들이 일일 해설사가 되어 진행했다면 더 의미 있고 기억에 남는 발표가 되었을 것이다. 아쉽게도 '괴물들이 사는 궁' 프로젝트의 발표는 여러 가지 사정상 교실에서 진행했다. 교실의 코너에 경복궁 각 건물의 이름과 사진을 붙였다. 그리고 학생들이 문화재 해설사가 되어 각 건물을 돌아다니며 해설을 했다.

역사 프로젝트 수업에 도움이 되는 아이디어

역사 현장 학습을 즐겁고 의미있게 하기 위해 체험 미션을 다음과 같이 만들어 볼 수 있다.

체험 미션 만들기

1. 의미 있는 문양, 그림, 사물 찾기
선사 고대관 신석기실에서 빗살무늬 토기를 찾아라.
영제교에서 개구쟁이 천록을 찾아라.
근정전 안에서 해와 달, 다섯 개의 산봉우리가 있는 병풍을 찾아라.
교태전 하단의 환풍구를 찾아라.

2. 찾은 후 미션 : 스케치, 의미 및 정답 찾기

천록을 새로 만들라는 어명이 내려졌습니다.
사악한 것들을 물리칠 수 있도록 천록을 디자인하세요.

교태전 하단의 환풍구를 찾아 모양을 스케치하세요.

강녕전에서 왕의 밥상을 찾아라. 왕의 반찬 가짓수는 몇 가지였을까요? (   )가지

근정전 안에서 해와 달, 다섯 개의 산봉우리가 있는 병풍을 찾아라. 이 그림의 이름은?

3. 미션 장소, 인상 깊은 곳, 의미를 되새기며 사진 찍기

수문장 교대 의식을 보고
광화문을 지키는
수문군과 인증사진을 찍으시오.

문신 정1품, 정2품, 정3품 품계석을 찾아
각각 품계석 옆에 서서 품계가 나오도록
인증사진을 찍으시오.

4. 인물, 장소에 관한 느낌, 생각 적기

규장각을 바라보고 붕당을 없애고 왕권을 강화하여 백성을 보살피고자 했던
정조의 마음을 느껴보고 정조가 되어 한마디 해보자. 정조가 되어 한마디 해본다면?

왕비는 교태전의 아미산 주변을 거닐며 무슨 생각을 했을까요?

근정전을 가장 아름답게 볼 수 있는 곳에서 1분간 근정전을 바라보시오.
어떤 느낌이 드나요?

5. 자신에게 가장 인상적인 것 찾기

자경전 굴뚝의 십장생 중 가장 마음에 드는 것 한 가지를 골라 스케치하시오.

교태전에서 가장 인상적인 곳을 찾아 문양을 그리시오.

가장 인상적이었던 것은 무엇인가요? 그 이유는?

학생 동아리 '상상나래' 프로젝트

수업을 준비할 때면 항상 학생들의 긍정적인 반응을 떠올린다. 하지만 교사의 기대와는 다른 상황이 벌어질 때가 있다.

"선생님 책 읽기 싫어요."
"이거 안 하면 안 되요?"
"선생님 저 노래 부르기 싫은데요. 목만 아파요"

그 해 학생들은 유독 자신들을 그냥 내버려두라고 했다. 그래서 근본적으로 무엇이 문제인지 고민하기 시작했다. 고민 끝에 결론에 도달했다. 학생들은 학교 안에서도 밖에서도 주어진 것을 하는 것에 지쳐있었다. 이에 대한 해결책은 너무나 자명했다.

'학생들이 원하는 것을 하게 하자!'

'나래'는 날개를 의미한다. 학생들이 자신이 원하는 활동을 하며 상상에 날개를 달고 성장의 기쁨을 느끼기를 바랐다. 동기 없는 아이는 없다. 다만 그것을 펼칠 수 있는 기회를 만나지 못했을 뿐이다.

프로젝트 수업 개요

실시 학년	6학년
주제	학생 동아리 활동
탐구 질문	경험을 통해 성장의 기쁨을 느끼려면 어떻게 해야 할까?
학습 활동 순서	안내하기 → 모집하기 → 활동 계획 세우기 → 활동하기 → 발표 및 성찰하기
활동 기간	8주 10차시
관련 과목	국어, 도덕, 미술, 음악

안내하기

"우리 반에서는 학생 동아리 활동을 할 수 있어요. 동아리 활동이란 목적이 같은 사람끼리 무리를 지어 무언가 하는 것을 뜻해요. 연극, 만화, 그림, 만들기 등 여러분이 관심 있는 것을 학교에서 친구들과 함께 할 수 있어요. 단, 교육적이어야 하고 학교에서 할 수 있는 것이어야 해요." 학생들이 원하는 것을 할 수 있다고 말해 주되 한계는 분명하게 정해주어야 한다. 폭력적이거나 정서적으로 해를 끼칠 수 있는 주제는 피하도록 한다.

"먼저 모든 사람들이 동아리에 들어가면 일주일에 한번 씩 선생님이 수업 시간을 내어줄 거예요. 여러분들은 쉬는 시간이나 점심시간, 때로는 따로 시간을 내서 동아리 활동을 할 수 있어요. 2달 동안 활동을 한 후에 여러분이 활동한 결과를 발표할 거예요." 교사는 창의적 체험 활동 시간과 국어, 도덕, 미술, 음악 시간의 주제를 선별하여 일주일에 한 시간 정도 수업 시간에 활동할 시간을 확보하도록 한다.

"여러분들이 동아리 활동을 하며 탐구해야 할 주제는 다음과 같아요." "경험을 통해 성장의 기쁨을 느끼려면 어떻게 해야 할까?" 학생에게 탐구 질문을 안내한다. 학생들은 동아리 활동을 하며 어떤 경험이 자신에게 의미가 있었고, 성장을 하려면 어떻게 해야 하는지 소감문을 작성해야 한다. 이 프로젝트의 목적은 학생들에게 자신의 관심사를 탐색하고 실험해볼 기회를 주는 것이다. 그래서 상상나래 프로젝트를 할 때에는 학생들에게 발표나 결과물을 만들어내는 데에 너무 큰 부담을 주지 않는 것이 좋다.

모집하기

동아리 활동을 시작하려면 먼저 동아리를 만들고 회원을 모집해야 한다. 동아리는 누구나 만들 수 있다. 동아리 이름, 목표와 준비물, 활동 계획이 담긴 포스터를 만들어 교사와 상의한 후 게시판에 부착하면 모집이 시작된다. 3~5일 정도의 모집 기간을 준다. 모집이 끝나면 동아리에 모든 사람이 들어갔는지 교사가 확인해 준다. 반드시 모두가 참여해서 소외되는 학생이 생기지 않도록 해야 한다.

부모님의 동의를 얻으면 방과 후나 주말에도 동아리 활동을 진행할 수 있다. 단, 가정통신문을 가정에 보내 꼭 동의를 받아야 한다.

동아리 모집 포스터

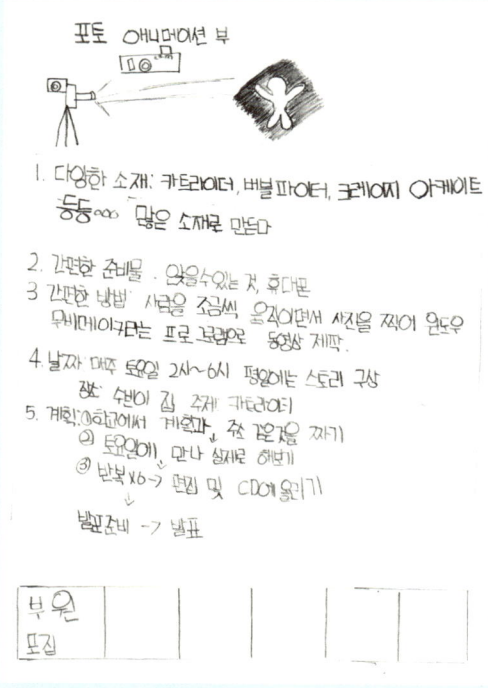

활동 계획 세우기

활동 계획은 학생 스스로 세우도록 한다. 아래의 계획서 예시처럼 주제, 목표, 결과물, 날짜별 활동 계획을 작성한다. 학생들은 목표와 결과물을 어떻게 작성해야 할지 어려워하는 경우가 많다. 교사의 도움으로 계획이 확정되면 활동을 할 때 지켜야 할 규칙을 만들게 한다. 특히 개인이 책임감을 갖고 활동할 수 있는 규칙을 꼭 넣도록 한다.

계획서 예시

프로젝트 명	'끼와 생각이 넘치는 상상나래'
동아리 이름	연극부
만든 이유	연극을 해보고 싶어서

1. 주제	2. 목표/기준	3. 결과물
연극 만들기	연극 공연을 한다.	연극 대본

	월	화	수	목	금	토	일
( )월 계획	1 대본 1 쓰기	2	3	4	5	6	7
	8	9	10	11	12	13	14
	15	16	17 연극 연습하기	18	19 대본 고치기	20	21
	22	23	24 대본 2 쓰기	25	26	27	28
	29	30	31				

활동하기

동아리 활동은 주로 쉬는 시간, 점심시간에 하고 매주 1시간 수업 시간에도 한다. 배당된 수업 시간에는 각 동아리별로 활동을 진행한다. 교사는 각 동아리별로 활동이 계획대로 진행되고 있는지 점검한다. 활동이 계획대로 되지 않을 경우 상의하여 대책을 마련한다. 이 시간에 학생들이 탐구 질문에 대한 답을 찾도록 독려하고 기록으로 남기도록 해야 한다.

첫 동아리 활동을 하는 기간에는 매일 교사가 동아리 활동에 관심을 갖고 독려해주는 것이 좋다.

학생들이 만들었던 동아리 목록
만화, 그림그리기, 연극, 큐브, 종이접기, 카프라, 도미노, 디자인, 작품 공예, 사진, 애니메이션, 독서, 특징 캐릭터 등.

아쉽게도 운동이나 악기와 관련된 동아리 활동은 하기가 어렵다. 공간적인 분리나 소음에 대한 대책이 없기 때문이다.

발표 및 성찰하기

처음 상상나래 프로젝트를 진행할 때에는 결과에 대한 기대 수준을 낮추는 것이 좋다. 그리고 잘 못하는 동아리에 관심을 보이기 보다는 성공적으로 발표를 하는 동아리에게 격려와 응원을 충분히 해주는 것이 좋다.

'상상나래 프로젝트 수업'에 도움이 되는 아이디어

동아리 회장이 갖추어야 할 사항을 미리 안내한다.
동아리가 잘 운영되려면 동아리를 이끌어가는 회장의 리더십이 중요하다. 더불어 하고자 하는 내용과 동아리의 목표도 확실해야 한다.

동아리 회장의 덕목
명확한 목표와 계획을 갖고 동아리를 진행한다.
서로 도와가며 협력할 수 있는 분위기를 만든다.
회원 간의 갈등이 있을 경우 이를 중재한다.

동아리를 탈퇴하려는 학생 지도
활동을 하다보면 도중에 동아리를 탈퇴하겠다는 학생이 생긴다. 탈퇴 가능한 시점은 동아리가 시작되고 2주 이내의 시기에만 허용한다. 왜냐하면 다른 동아리 활동이 이미 진행되어 중간에 따라잡기가 어렵기 때문이다. 그럼에도 불구하고 탈퇴를 하게 될 경우에는 '다른 부서 가입 허락 받기, 개인 활동 계획 세우기' 중 하나를 선택하게 한다.

상상나래 활동 안내

상상나래란?

우리 아이들은 풍요의 시대를 살고 있지만 점점 꿈이 사라져가고 있는 시대이기도 합니다. 학생들이 앉아서 공부만 한다면, 자신이 무엇을 좋아하고 무엇을 원하는지, 어떻게 살아가야 할지 알지 못합니다. 초등학생 시절 아이들의 다양한 활동 경험은 이후 진로를 결정하는데 밑거름이 됩니다. 초등학교의 진로 교육은 다양한 활동 경험을 통한 진로 탐색에 있습니다.

 이의 일환으로 저희 반은 학급 동아리인 '상상나래' 활동을 진행하고 있습니다. 학생들이 자신이 좋아하는 것을 하며, 그것의 좋은 점과 어려운 점을 경험하고 결과물을 만들고 발표하도록 합니다. 그 과정을 통해 아이들은 한층 더 성장할 수 있을 것입니다.

 학생들이 좋아하는 것은 하지 말라고 해도 열심히 합니다. 우리 아이들에게 심어주어야 하는 것이 바로 그런 동기 아닐까요? 아이들이 자신이 좋아하는 것을 하며 행복해하며, 탐구하고 공부하는 것이 즐거운 것임을 알아가기를 바랍니다.

부탁 말씀

상상나래 프로젝트는 학생이 원하는 것을 탐구할 수 있도록 합니다. 교육적이지 않은 주제를 제외하고는 모두 허용해줍니다. 그러다보니 학교 밖에서 활동을 해야 하는 경우가 있습니다. 이러한 경우 학생이 보호자의 동의를 받고 활동을 진행할 수 있도록 하고 있습니다. 학교 밖 활동에 보호자께서 꼭 함께 해주셔야 합니다. 학생들 스스로 해내는 것이 가장 우선이지만, 안전도 중요하기 때문입니다. 이에 학생이 학교 밖 상상나래 활동을 원할 경우 보호자께서 동의 여부를 작성하여 보내주시기 바랍니다. 교육 활동에 관심을 가져주시고 지지하여 주셔서 감사합니다.

학교 밖 상상나래 활동 동의 (학생의 활동에 보호자가 함께 하겠습니다.)	동의하지 않음 (학생의 활동에 보호자가 함께 하기 어렵습니다.)

학년　반　이름 :

　　　　　　　　　　　　　　　　　　　　　월　　　일

　　　　　　　　　　　　　　　보호자　　　　　인

우리 교실이 태양계
'우주 탐험' 프로젝트

프로젝트 수업 개요

실시 학년	5학년
주제	태양계와 별
탐구 질문	우리 교실에 태양계를 만들려면 어떻게 해야 할까?
학습 활동 순서	프로젝트 아이디어 내기 → 팀 정하기 및 배경 지식 학습하기 → 팀별 디자인 및 질문 만들기 → 팀별 주제 학습 및 대본 작성하기 → 모형 만들기 → 발표하기
활동 기간	6주
관련 과목	과학, 국어, 미술

프로젝트 아이디어 내기

"여러분 어떻게 하면 이번에 배울 '태양계와 별' 단원을 재미있게 공부할 수 있을까요?" 그동안 다양한 프로젝트를 경험하며 프로젝트 방법을 익힌 학생들은 이제 자신들이 프로젝트의 아이디어를 낸다. "우주 다큐멘터리를 한번 만들어 봐요." "태양계 모형을 만들어 봐요." "과학 내용을 개그로 만들어요." …… 그 중 의미 있는 배움을 일으키면서도 재미있는 아이디어는 무엇일지를 기준으로 이번 프로젝트를 선정해 보자고 했다. 학생들과 함께 최종적으로 선정한 아이디어는 "우리 반 천정에 태양계를 만들어요."였다. 우리 반 천정을 배경으로 삼아 태양과 행성, 별자리를 만들어 보기로 했다.

팀 정하기 및 필수 활동하기

배워야 할 내용을 행성, 별과 별자리, 태양과 해성, 우주 탐사의 네 가지로 구분했다. 학생들은 자신이 원하는 분야의 주제를 선택했다. 행성은 총 여덟 개로 개수가 많아 두 개의 팀으로 나누었다. 총 다섯 개 팀이 결성됐다.

　학생들과 함께 교과서의 내용을 살펴보았다. 행성의 크기와 거리 및 태양과의 관계 등 행성팀과 태양계팀의 공조가 필요함을 설명했다. 별과 별자리, 우주 탐험의 내용을 살펴보며 무엇에 중점을 두어 학습해야 할지에 대해 이야기 나누었다.

팀별 디자인 및 질문 만들기

각 팀별로 교실 천정에 어떻게 태양계와 별자리를 구현할지 아이디어를 내고 디자인을 했다. 이때 행성은 크기와 거리를 고려해야 하므로 교사가 적극적으로 개입하여 협력하도록 했다.

우주 탐사팀 디자인

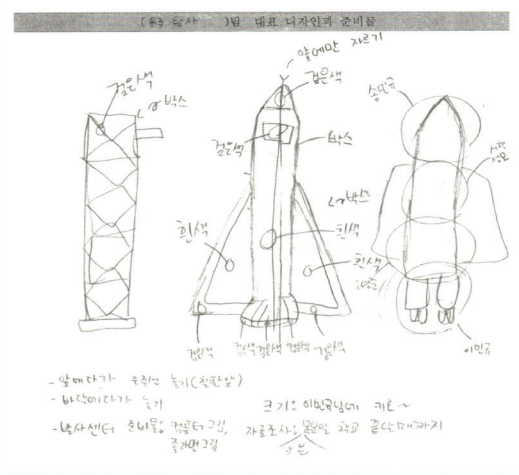

학생들의 탐구를 돕기 위해 교사가 직접 도서관에 들러 도움이 될 만한 책을 간추려서 교실로 가져왔다. 학생들은 교사가 제시한 책과 인터넷 사이트를 살펴보며 무엇을 조사하고 탐구할지 생각했다. 교과서와 참고 도서 및 교사의 수업을 토대로 학생들은 각 주제에 대한 배경지식을 쌓아 나갔다. 이를 바탕으로 자신들의 주제에 대해 궁금한 점을 질문으로 만들었다.

팀별 주제 학습 및 대본 작성하기

질문에 대한 답을 찾기 위해 각 팀별로 정보를 수집했다. 수집한 정보를 모두 모은 후 중요한 내용을 간추렸다. 간추린 핵심 내용은 마인드맵의 형태로 요약한다. 한눈에 볼 수 있어야 중요한 내용을 빠뜨리지 않고 발표 내용에 반영할 수 있기 때문이다.

핵심 내용 요약 마인드맵

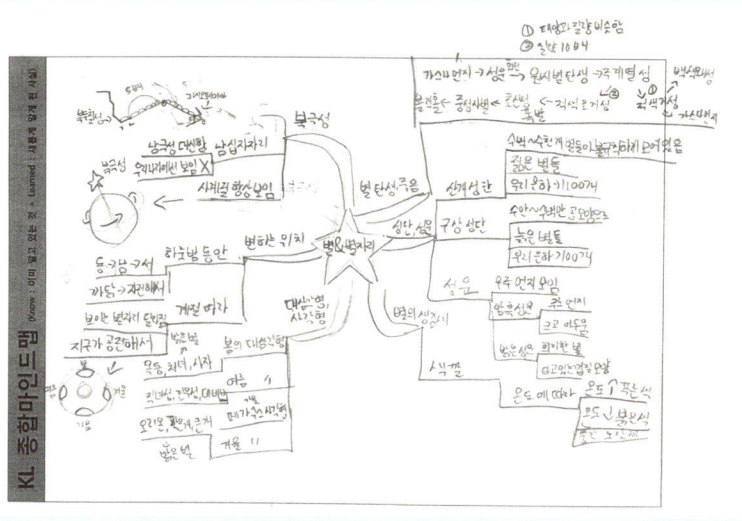

요약한 내용을 살펴보며 어떤 내용과 방법으로 친구들에게 발표할지 결정했다. 연극 형태로 발표하는 팀은 연극 대본을 작성하고, 프레젠테이션 형식으로 발표하는 팀은 핵심 내용을 보기 쉽게 정리한 시각 자료와 발표할 대본을 만들었다.

모형 만들기

대본 작성을 진행하는 동시에 모형 만들기를 시작했다. 학생들은 자료 조사를 하는 것보다 만들기 활동을 더 좋아한다. 학습하는 시간과 만들기 시간을 적절히 안배하면 학생들이 흥미를 갖고 프로젝트 과정에 적극적으로 참여하게 된다.

태양은 대형 빨간 바구니를 활용하고 행성은 스티로폼 공, 별자리는 스티로폼 공에 철사를 연결하여 만들었다. 천정에 매달 때에는 낚싯줄과 벨크로를 활용했다.

모형 만들기

태양과 행성 모형장 학습

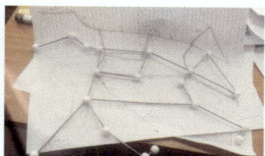
별자리 모형

우주선 모형

발표하기

학생들은 자신들이 만든 모형을 예시로 보여주며 발표했다. 자신들이 공부한 내용을 모형에 반영했기 때문에 모형을 활용하면 쉽게 설명할 수 있다. 본인들이 원하는 주제를 자발적으로 학습했기 때문에 깊이 있는 내용을 발표할 수 있었다.

다음은 별자리 팀 역할극 대본의 일부이다.

별자리 팀 역할극 대본의 일부

...

민정 : 밤하늘에 삼각형이 있다는 건 뭐야?

승훈 : 봄철 대삼각형이야. 스피카, 데네볼라, 아르크투루스로 이루어져 있으며 봄의 대곡선은 스피카, 아르크투루스, 큰곰자리의 맨 끝 별로 이루어져 있어.

선아 : 그럼 질문? 왜 계절마다 별자리가 달라?

승훈 : 그건…

준희 : 지구가 공전하기 때문이지.

승훈 : 맞아. 그러면 지금 할 수 있는 간단한 실험으로 보여줄게. (민정이 가운데, 원경이가 앞, 다정이가 왼쪽, 혜린이가 오른쪽, 준희가 뒤에 있고 승훈이는 민정이의 앞에 있는다)

민정이 태양, 내가 지구, 원경이가 봄철 별자리, 다정이가 여름철 별자리, 준희가 가을철 별자리, 혜린이가 겨울철 별자리야. 내가 이렇게 태양 주위를 돌면 먼저 원경이(봄철 별자리)가 보이고, 다정이(여름철 별자리), 준희(가을철 별자리), 혜린이(겨울철 별자리)가 순서대로 보여. 그치?

'우주 탐험 프로젝트'에 도움이 되는 아이디어

어려운 내용을 쉽게 설명하도록 하기
과학의 원리나 지식은 이해하기 어려운 경우가 있다. 어려운 내용을 설명할 때에는 적절한 예시와 비유를 들거나 시범을 보이도록 학생들을 지도한다. 대본 작성 단계에서 교사가 학생들과 상의하여 도움을 주면 좋다.

우주와 관련한 전문가 및 현장과의 연결 가능한 곳
- 한국항공대학교 항공우주박물관
- 한국항공우주연구원
- 나로 우주센터 우주과학관
- 제주항공우주박물관
- 각 지역 천문대

학생에게 제시할 수 있는 참고 도서 목록
《맛있는 과학 31 : 태양계-디스커버리 에듀케이션》 정효진, 주니어김영사
《우주대여행 : DK아트라스 시리즈》 헤더 쿠퍼, 루덴스
《우주에도 위와 아래가 있나요?》 독일 오즈 벨버사, 느림보
《행성 이야기 : 태양계의 아홉 신화》 조앤 마리 갤러트, 승산
《Why? 별과 별자리》 파피루스, 예림당

부록1 프로젝트 수업 교사용 계획 양식

〈프로젝트 계획 준비〉 - 아이디어 구상				
	조사	창조	문제 해결	탐구
1. 주제 내열	가르치고 싶은 것	최근 화제	학생 흥미, 필요	성취 기준
1차 주제 선정	조정	□ 개념 □ 범위	최종주제 선정	
2. 학습 내용	Need to know - 꼭 알아야 할 것(성취 기준, 교과서, 체험 학습 등)		Want to know - 알고 싶은 것, 흥미로운 것	
3. 학습 활동	자원(도서, 사이트, 자원 인사, 체험 학습)		활동	

306 부록1

4. (　) 프로젝트 가이드맵

▮ 프로젝트 디자인

프로젝트명					
1. 핵심 목표					
2. 학습 목표	3. 활동			학년	
	☐ 학생 자율권/선택권 ☐ 연결하기(사람, 현장) ☐ 공유 및 돌아보기	산출물	과목-단원 (배당 차시)	형성 평가 (성취 기준)	4. 준비
	학습 내용 - 교수 학습 전략				
	- 동기 유발 및 학생 계획				
	최종 결과물				
	발표 방식				
	☐ 발표회 ☐ 전시회 ☐ 체험전 ☐ 캠페인 ☐ 웹 ☐ 청원				
	탐구 질문				
	- 발표연습 및 발표 - 돌아보기 및 축하			총 차시	

Ⅲ (   )프로젝트 수업 학생 평가

준거	성취 기준	
	학습 목표	학습 태도
		– 참여 – 경청 – 협력
	학습 목표 도달 확인 질문	
이름	학습의 과정 및 피드백	
	평가 주체 : ☐ 학생 ☐ 동료 ☐ 교사	

Ⅳ 학습과정 시각화

탐구 질문	
구성 요소	질문(꼭 알아야 할 것 N, 궁금한 것 W), 학습의 과정 및 결과(그림, 사진, 작품, 핵심 내용 등)

V ( ) 프로젝트 수업 교사용 성찰지

계획	탐구 질문 및 탐구 활동	질문 및 발표	성찰
P – 계획대로 된 점 – 계획보다 잘된 점 – 예상치 못했지만 좋았던 점 등			
M – 계획대로 안된 점 – 어려웠던 점 – 궁금한 점			
I – 인상적이었던 점 – 개선, 보완한다면?			

프로젝트 수업 교사용 계획 양식

부록2 학생 탐구 양식

이름 :

	[ ] 프로젝트 계획서
주제	
탐구질문	

1. 궁금한 점, 알아야 할 것 주제에 대해 궁금하거나 알아야 할 것에 대해 자유롭게 쓰세요.

2. 주요 일정 중요한 일이 있는 날짜를 적으세요.

시작		발표	돌아보기

3. 계획하기 프로젝트를 어떻게 진행할지 아이디어를 내 보세요.

1) 얻고싶은 점	2) 최종 결과물	3) 발표 방식
연구 통해 배우거나 도움이 되는 것은?	탐구질문의 해답으로 만들어 낼 결과물은?	결과물을 발표할 실제적인 방식은?

II 탐구 준비		
1. 질문(NW)	2. 답변 예측	3. 탐구 방법
※ 탐구 방법	☐ 관찰(자세히 보기) ☐ 면담(질문하고 답변받기) ☐ 온라인(인터넷)-편지 인터뷰 ☐ 설문(질문지) ☐ 실험 ☐ 검색 ☐ 도서(책) ☐ 분석 및 해석(내 말로 풀어쓰기) ☐ 자료 변환	
※ 전문가	주제를 잘 알고 있어서 프로젝트를 수행하는데 도움을 얻을 수 있는 전문가는 누구인가?	

III 탐구 방법 및 결과	
1. 탐구 결과	2. 탐구 방법

Ⅳ 결과물(해결책) 디자인

준비물 목록(위에 디자인에 적은 준비물을 모두 여기에 정리하세요.)

재활용품 활용	
주변에서 구할 것	
사야 할 것	

V 발표평가

이름 (모둠, 개인 이름)	주제 (발표 주제)	내용			매체 활용 및 준비			음성 및 태도			종합 평가
		자료 조사	내용의 깊이	흥미	적절한 매체 활용	발표 내용 이해	발표 형식	발표 음성	발표 태도		
		다양한가? 주제와 관련 있는가? 신뢰할 만한 자료인가?	깊이 있는 내용을 넣었는가? 새로운 내용이 있는가?	나뿐만 아니라 친구들이 관심가질 만한 내용인가?	적절한 사진, 그림, 동영상, 소품을 활 용하는가?	내용을 충분히 이해하고 암기해서 발표하는 가?	창의적인 발표형식을 사용하는 가? 인터뷰, 홈쇼핑, 개그, 뉴스, 연극, 노래, 춤 등	목소리의 크기는 뒷사람이 들을정도로 적절한가?	자신감있는 자세로 발표하는 가?	손짓은 적절하게 취하는가? 자료와 청중을 번갈아 보며 발표하는가?	종합적으로 발표가 어떠했는지 1~3문장으로 쓰세요.

발표력을 향상시키기 위해서 나에게 필요한 것은?

발표를 통해 배운 점이 있다면?

Ⅵ 돌아보기 및 프로젝트 평가			
	항목	내용	
1 프 로 젝 트 평 가	탐구질문은 무엇인가요?		
	탐구질문을 해결하기 위한 중요한 질문은 무엇이었나요? 이를 해결하기 위해 어떻게 했나요?	중요한 질문	해결한 내용과 방법
	만약 다른 방법으로 해결한다면 어떻게 할 수 있을까요? 왜 그렇게 생각하나요?		
	다른 팀의 해결책 우리팀의 해결책을 비교해 보세요. 공통점과 차이점은 무엇인가요?	공통점	차이점
	평가항목	내용	
2 자 기 평 가	이 프로젝트 학습은 나에게 어떤 영향을 미쳤나요?		
	나는 적극적으로 참여하였나요? 팀에 어떤 도움을 주었나요?		
	프로젝트의 과정에서 잘한점과 노력해야 할 점을 적어주세요.	잘한 점	노력해야 할 점
	참고		노력했거나 잘 한 점
3 동 료 평 가	참여	흥미를 갖고 적극적으로 참여했다.	이름( )
	갈등 해결	갈등을 해결하는 데 적극적이었다.	
	경청	친구들의 의견을 귀담아 들었다.	
	의견 제시	적절한 까닭을 제시하며 의견을 제시했다.	
	리더십	모두가 참여할 수 있도록 협의하고 팀을 잘 이끌었다.	
	격려	팀 활동이 잘 진행되도록 돕고 기운을 북돋아주었다.	
4 피 드 백	선생님		부모님
5 소 감				

실제성! 학생 참여! 깊은 탐구!
혼자서도 쉽게 하는 프로젝트 수업

과정 안내

Module 1 — 수업! 프로젝트로 업그레이드 하자
수업 성공의 열쇠, 접근 방법, 전체적인 흐름 이해하기

Module 2 — 순서대로 따라하면 계획 완성! 교사용 계획서로 계획하기
주제 선정 노하우, 가이드맵 작성법, 교사용 계획서 작성의 실제와 피드백

Module 3 — 프로젝트 수업 도전! 마음 다지기
프로젝트 수업 첫 도전 사례 나눔

Module 4 — 프로젝트 수업 실행 및 성찰 – 운영 전략
첫 수업의 중요성, 학생용 계획서 작성 방법, 도전과 협력의 교실 문화 만들기

Module 5 — 프로젝트 수업 실행 및 성찰 – 발표 및 성찰
프로젝트 업그레이드 및 운영 노하우

Module 6 — 저학년 프로젝트 수업 운영 방법
1학년 교실 놀이터 만들기, 2학년 감정 프로젝트 수업 사례 나눔

Module 7 — 프로젝트 수업 운영 사례 및 비법
진로, 체험 부스형, 역사현장 학습, 학교폭력 예방, 마을, 민주시민 프로젝트 사례와 해외 프로젝트 수업 우수 사례

선생님들의 생생 후기

프로젝트 수업에 관해 A부터 Z까지 상세한 설명과 실습!
그 어디에서도 볼 수 없었던 연수였습니다.
이제는 저 혼자서도 프로젝트 수업에 도전할 수 있을 것 같아요!

프로젝트 수업을 항상 도전해보고 싶은 마음은 있었어요. 그런데 프로젝트 수업을 실제로 하신 선생님들의 성공사례를 보면 너무 대단해 보여서 저는 감히 도전할 용기가 나지 않더라고요. 그런데 연수를 들으면서 **프로젝트 수업의 기초부터 차근차근 함께 배우고 실습하면서 저도 할 수 있겠다는 용기**가 생겼어요. 특히 양은석 선생님의 계획서가 아주 단순하고 명료하면서도 실질적인 계획서여서, 교사용 계획과 학습용 계획을 세우는 데 큰 도움이 되었어요.

3가지가 좋았는데요. 첫 번째는 **과정에 대한 자세한 설명**이 있어서 처음 프로젝트 수업을 시작할 때 어디서부터 시작을 하고 끝났을 때는 어떻게 맺음을 해야 하는지 알게 되어 좋았고요. 두 번째는 **여러 실습 과정이** 있어서 온라인 수업의 단점인 멍한 뇌를 좀 깨울 수 있는 내용이 있어서 유익했습니다. 세 번째는 새로운 것을 할 때 두려움을 많이 가지게 되는 데 실패한 프로젝트 수업이라는 것은 없고, 어떤 부분에서든 학생들에게 도움이 된다는 것과 **더 유익한 수업을 위해 어떤 부분을 더 챙기고 도전해야 하는지** 쉽게 이해할 수 있게 안내해 주셔서 매우 좋았습니다.

프로젝트 수업 자체가 과정이 중요한 수업인데요. 이번 연수를 통해서 계획하고 실행하고 그다음에 마지막에 성찰하는 과정까지 전체적인 과정을 경험하게 되면서 **큰 그림을 그릴 수 있게 된 것**이 굉장히 좋았습니다. 그중에서 선생님께서 제시해 주신 **가이드맵은 매우 유용한 도구**가 될 것 같아요. 그냥 막연히 프로젝트를 실행하는 것이 아니라 왜 배워야 하는지에 대해 핵심 목표를 통해 배움의 의미를 체크해 줄 수 있고, 자원 활용과 어떤 활동으로 엮을 것인지에 대한 가이드맵이 전체적인 프로젝트 과정에 대해서 놓치지 말아야 할 것들을 꼭 챙길 수 있게 해 준다는 면에서 굉장히 도움이 될 것 같습니다.

 티스쿨 원격교육연수원

www.tschool.net

"티스쿨에서 원격 직무 연수로 만나보세요."

프로젝트 수업 매뉴얼

초판 1쇄 2020년 1월 15일
초판 3쇄 2022년 6월 8일

지은이   양은석
그린이   김정환
펴낸이   양태회
기획   최문영
편집   김현태
디자인   페이지제로
제작   테라북스

펴낸곳   (주)비상교육
주소   서울시 구로구 디지털로 33길 48 대륭포스트타워 7차
전화   02-6970-6169
팩스   02-6970-6179
홈페이지 http://www.tschool.net
전자우편 tschool@tschool.net

ⓒ 양은석, 2020
ISBN 979-11-6609-914-4 13370

※ 이 책에 실린 내용, 디자인, 이미지 저작권은 (주)비상교육과 저자에게 있습니다.
※ 책 내용의 일부 또는 전부를 재사용할 때는 (주)비상교육과 저자 양측의 동의를 받아야 합니다.